NEGOCIAR, RUTA HACIA EL ÉXITO:
Estrategias y habilidades esenciales

George Siedel
Universidad de Michigan

Publicado por Van Rye Publishing, LLC
www.vanryepublishing.com

ISBN-10: 0-9903671-5-0
ISBN-13: 978-0-9903671-5-4

Acerca del autor

George Siedel es profesor de administración de negocios de la "Williamson Family" y profesor "Thurnau" de Derecho Empresarial en la Universidad de Michigan. Enseña negociación en el programa MBA de la escuela de negocios de Michigan's Ross y en seminarios internacionales dictados a líderes empresariales, emprendedores, abogados, médicos, directores deportivos y jueces.

El profesor Siedel completó sus estudios en la Universidad de Michigan y en la Universidad de Cambridge. Ha dictado clases como profesor invitado en la Universidad de Standford y en la Universidad de Harvard, como asimismo participó en becas y programas de investigación en la Universidad de California, Berkerley. Siendo becario Fulbright, fue galardonado como profesor distinguido en Humanidades y Ciencias Sociales.

Ha recibido numerosos premios de investigación nacional, tales como el "Maurer Award", el "Ralph Bunche Award" y el "Hoeber Award". Asimismo ha sido premiado con múltiples distinciones, incluyendo el premio al profesor del año 2014 en el programa ejecutivo de CIMBA, un consorcio integrado por treinta y seis universidades líderes dedicadas a la educación internacional.

Acerca del traductor

Nacido en Argentina, Pablo Cilotta cuenta con una trayectoria legal y contractual en posiciones en Sudamérica (Argentina), Europa (España, Holanda, Inglaterra), Medio Oriente y África, Asia-Pacífico y en el mercado de los Estados Unidos de América. Ha dictado clases y seminarios en Derecho Procesal Civil y Comercial, y Derecho Contractual en Universidades e institutos, siendo Master en Derecho Empresario de la Universidad Austral.

En los últimos años se ha focalizado en la gestión de contratos comerciales en varias jurisdicciones, habiéndose trasladado de Argentina a Madrid en el inicio de los años 2000, donde dirigió los aspectos legales y contractuales a nivel EMEA de una empresa de software con matriz en Nueva York, finalmente adquirida por Microsoft Corp.

De regreso a Buenos Aires, Pablo ha continuado en el sector tecnológico, involucrado en negociaciones, asuntos legales y gestión contractual. Se ha unido a la IACCM (International Association for Contract and Commercial Management), donde luego de obtener su certificación académica, constituyó la comunidad hispanoparlante, abarcando regiones tales como Latinoamérica, España y Portugal, publicando artículos en español e inglés y coordinando foros y eventos.

Agradecimientos

Si bien soy considerado el autor, este libro no es sino el producto de experiencia, asesoramiento y conocimiento compartido con miles de estudiantes, colegas, familiares y amigos, entre otros. No estoy en condiciones de mencionarlos a todos, pero a continuación, en orden alfabético, se destacan algunos a modo de ejemplo.

También quiero reconocer la destacada investigación que ha enriquecido la teoría y práctica de "la negociación" a través de los años. Cada capítulo incluye citas a trabajos realizados por investigadores líderes en el campo de la negociación. En tiempos de tan potentes motores de búsqueda, se vuelven innecesarias las citas detalladas (que además, en forma de pie de página interrumpen la fluidez del texto y como listas de trabajos por separado requieren constantes consultas a la sección final del libro). Por el contrario, se incluyen breves notas entre paréntesis, con suficiente información, que les permitirán a los lectores una fácil ubicación de las fuentes utilizando motores de búsqueda.

Líderes y profesionales de los negocios. Doy gracias a los líderes y profesionales de los negocios de Norteamérica, Sudamérica, Asia, África, Europa y Australia, con quienes he trabajado durante años. Además de enseñar en seminarios abiertos, he ofrecido cursos y dado presentaciones a públicos específicos incluyendo ejecutivos de la industria farmacéutica, directores deportivos, abogados, médicos y emprendedores. Tanto en Seúl, como en Venecia, Sídney, Bombai y San Pablo, he aprendido de estos participantes que los temas que tratamos en este libro son válidos en todas las profesiones, en todas las culturas y en todos los continentes.

David E. A. Carson. Gracias a David, un líder exitoso y destacado alumno de la escuela de negocios Ross, por haber constituido el programa de becas de Carson, el cual ha cumplido un rol fundamental en la capacitación de los estudiantes universitarios en políticas públicas. Como director del programa, he tenido la oportunidad de trabajar con reconocidos dirigentes gubernamentales en Washington, quienes han brindado su aporte desde la perspectiva de la negociación política.

Consorcio de universidades de estudios internacionales ("CIMBA", siglas en inglés). Agradezco a Al Ringleb, su director ejecutivo y a Cristina Turchet, directora asociada, por el liderazgo innovador del CIMBA y por haberme invitado a dar clases anuales de negociación en Italia.

Familia. Gracias a mis hijos, Joe, Katie y John, por haberme facilitado, siendo niños, varias pruebas de estrategias y tácticas de negociación. Como es sabido, de todas las formas de negociación, la entablada con sus propios hijos resulta ser una de las más duras y difíciles. Gracias a mi hermana, Karen Braaten, quien me ayudó, siendo jóvenes, a desarrollar habilidades de solución de controversias. Afortunadamente hemos evolucionado más allá de la solución de conflictos, llegando a ser estrechos amigos.

Fulbright International Summer Institute. Un agradecimiento, también, a Julia Stefanova, directora ejecutiva de la oficina de Fulbright en Bulgaria y a su plantel sobresaliente de colaboradores, por haberme brindado la oportunidad de dictar un curso anual de negociación a estudiantes de Europa del Este y la región.

Helena Haapio. Muchas gracias a quien suele ser mi coautora en otras obras, Helena Haapio, asesora contractual internacional de Lexpert Ltd. en Helsinki, Finlandia y líder del movimiento del Derecho Proactivo. Helena ha inspirado a este autor con su capacidad de integrar aspectos teóricos y prácticos de la contratación. Ciertos párrafos de los capítulos 8 y 9 de este libro son una adaptación de nuestra obra *"Una rápida guía sobre el riesgo en el contrato"* (Gower, 2013) y de nuestro artículo de 2010 titulado "Utilizando el Derecho Proactivo como ventaja competitiva", del *American Business Law Journal*. También agradezco a Helena que me haya presentado a la comunidad de la "visualización del contrato", tema tratado en el capítulo 9.

Programa de Harvard en negociación ("PON"). Agradezco, también, a PON, un centro líder en la investigación y enseñanza de la negociación, por la cálida bienvenida que me ha ofrecido como profesor visitante en la escuela de negocios de Harvard y por la producción de tanto material de alta calidad sobre negociación, que es utilizado a nivel mundial.

Nancy Hauptman. Gracias, asimismo, a Nancy por la revisión del manuscrito que ha hecho tan minuciosamente, por su trabajo de diseño creativo en los gráficos insertos en este libro y, en general, por su soporte y apoyo.

International Association for Contract & Commercial Management (IACCM). Muchas gracias a la IACCM y a su presidente, Tim Cummins. Esta asociación global ha desarrollado un importante número de recursos en buenas prácticas inherentes a la negociación y gestión contractual.

Junhai Liu. Gracias a Junhai, un respetado profesor de la Universidad de Renmin en Beijing, donde fui invitado por él para dar una conferencia sobre "la negociación con estadounidenses". Esta experiencia me ayudó a desarrollar el orden cronológico utilizado en este libro.

Alyssa Martina. Muchas gracias a Alyssa, una líder y destacada educadora en el campo de la negociación de emprendimientos, por su revisión del manuscrito y sus recomendaciones útiles.

Alumnos del MOOC. Gracias a los miles de alumnos de todo el mundo que se han registrado en mi curso on-line, abierto y masivo, llamado "Negociación exitosa". Este curso me animó a redactar el libro.

Profesores de negociación. Mis gracias a los profesores en universidades tan importantes como Harvard, MIT y Stanford, por invitarme a dictar clases en sus propios cursos de negociación y por compartir sus perspectivas en la materia.

Padres. Quiero agradecer, en memoria, a mis padres, George y Justine Siedel. Si bien sus habilidades de negociación se forjaron en tiempos difíciles, durante la Gran Depresión, la equidad fue su más alta prioridad en sus relaciones con el prójimo.

Danica Purg. Gracias a Danica, presidente de la escuela de gestión IEDC Bled y presidente de la asociación de gestión internacional CEEMAN, por invitarme a dar clases de negociación a ejecutivos en Eslovenia.

Escuela de negocios Ross en la Universidad de Michigan. Gracias a la escuela de negocios Ross por la posibilidad de enseñar negociación en niveles de grado universitario, MBA y programas ejecutivos. Especialmente agradezco la oportunidad de dictar un seminario anual sobre negociación durante muchos años a ejecutivos de Hong Kong y enseñar, también, en Brasil, Corea, India y Tailandia. Gracias al equipo de liderazgo de Ross por la confianza puesta en mí para negociar la creación de centros de educación para ejecutivos en París y Hong Kong, cuando fui decano adjunto para la capacitación de ejecutivos. Estas, junto a mis otras negociaciones con líderes de empresas para desarrollar programas ejecutivos para multinacionales, me confirieron una experiencia de entidad a nivel internacional.

Jeswald Salacuse. Gracias a Jeswald, profesor Henry J. Braker de Derecho y anterior decano de la "Fletcher School" en la Universidad Tufts, por permitirme incluir la herramienta de evaluación del estilo de negociación en el Anexo C. Jeswald es reconocido como un líder en la investigación y estudio de negociación internacional.

John Siedel. Este libro no hubiese sido posible sin las aptitudes técnicas y habilidades editoriales de John aplicadas al proceso de redacción y publicación en su integridad. Su profunda atención a los detalles hizo posible muchas negociaciones interesantes.

Alumnos. Por último, pero no por ello menos importante, un agradecimiento especial a los alumnos universitarios de grado y del MBA que han tomado mi curso de negociación, tanto en la escuela de negocios Ross como fuera de ella. Uno de los placeres de enseñar negociación es la oportunidad de continuar aprendiendo de alumnos diversos, llenos de energía y entusiasmo.

George Siedel
Universidad de Michigan

Índice

ANEXOS: LISTA DE CHEQUEO PARA LA PLANIFICACIÓN – HERRAMIENTA DE EVALUACIÓN

Introducción

En mi seminario anual de negociación, en Italia, una ejecutiva empresarial, dijo: "¡La vida es negociación!" Nunca alguien lo ha definido de mejor manera. Tanto como madre de hijos pequeños, como en su rol de líder de una compañía, se dio cuenta de que las negociaciones forman parte de nuestras vidas personales y profesionales.

Todos negociamos diariamente. Lo hacemos con nuestros cónyuges, hijos, padres y amigos. Negociamos al alquilar un departamento, comprar un coche, una casa, hasta cuando aplicamos para un puesto de trabajo. La habilidad para negociar quizás sea el factor más importante en el avance y progreso de tu carrera.

La negociación es, también, la clave para el éxito en la vida empresarial. Ninguna organización puede sobrevivir sin contratos beneficiosos. Desde la perspectiva estratégica, las empresas se preocupan de la generación de valor y el alcance de ventajas competitivas. Sin embargo, el éxito de las estrategias de negocios de alto nivel depende de los contratos hechos con proveedores y clientes. Por lo tanto, la capacidad contractual (habilidad para negociar y llevar a cabo contratos exitosos) es una función importante en cualquier organización.

Mi objetivo, al escribir este libro, es ayudar al lector a alcanzar el éxito tanto en sus negociaciones personales, como en las comerciales. El libro proporciona, entonces, las estrategias y habilidades clave, necesarias para alcanzar dicho éxito. Aunque muchos otros libros también desarrollan estos conceptos, esta obra va más allá de los mismos y se focaliza en acciones necesarias para el éxito.

Además, este libro es único en su organización, pues cubre cada paso del proceso de negociación de manera cronológica, desde la preparación y a través del desarrollo de dicho proceso. Este enfoque general elude la hipótesis incorrecta de que el éxito está determinado por lo que sucede en la mesa de negociación. Si bien esta fase es importante en el proceso (y es desarrollada en detalle en este libro), el verdadero indicador del éxito es el hecho de si se llegó a un acuerdo fructuoso.

Al terminar de leer el presente libro, el lector debería ser capaz de:

- hacer un análisis completo de negocios que incluya su precio de reserva y zona de acuerdo potencial

- hacer uso de "árboles de decisión" para evaluar las alternativas disponibles en medio del proceso de negociación

- evaluar su estilo de negociación

- incrementar su poder de negociación

- decidir cómo resolver dilemas éticos durante negociaciones

- usar herramientas psicológicas, así como evitar trampas, durante una negociación

- evaluar su desempeño como negociador

Aparte de estos y otros beneficios específicos, se espera que los conceptos y herramientas que el libro provee ayuden al lector a alcanzar equilibrio y armonía en su vida, en la medida en que se involucra en negociaciones personales y comerciales. Pues, "¡la vida es negociación!"

I PREPÁRATE PARA NEGOCIAR

1. Decide acerca de si negociar o no
2. Determina el tipo de negociación
3. Realiza un análisis de negociación
4. Decide cómo responder a cuestiones éticas

1 Decide acerca de si negociar o no

Todo el mundo realiza acuerdos, a diario, sin entablar una negociación. En general, la gente no negocia cuando compra comida, bebidas, aplicaciones móviles, libros, ropa, productos electrónicos, alimentos para mascotas, productos de oficina, bienes domésticos, juguetes y equipamiento deportivo. ¿Qué pasaría si decidiéramos negociar al adquirir estos productos?

Este es un ejercicio que les doy a mis alumnos de la Universidad de Michigan. Les pido que traten de comprar un bien o servicio personal en una tienda, hotel o restaurante a un precio inferior al que figura en la lista. Hay dos reglas. No pueden escoger un bien que es usualmente adquirido tras regatear, como por ejemplo un coche o un producto a la venta en un mercado de pulgas. La otra regla consiste en que los estudiantes no pueden decirle, a la persona con la que están negociando, que lo que están haciendo forma parte de una tarea universitaria.

Antes de que lleven a cabo dicho ejercicio, les pido a mis alumnos que estimen cuántos de ellos tendrán éxito. Un gran porcentaje predice que la mayoría fracasará. Los resultados, en realidad, son sorprendentes. En un año promedio, dos tercios de los estudiantes llevan a cabo la tarea con éxito. Los descuentos oscilan entre 1% y 100% y los alumnos ahorran miles de dólares.

Para alcanzar estos resultados, usan un amplio abanico de estrategias y tácticas. Algunas de estas estrategias, como por ejemplo "la mejor alternativa a un acuerdo negociado" (BATNA, siglas en inglés), uso de objetivos idealistas, y entablar una relación con el vendedor, se basan en ciertos principios de la negociación que serán desarrollados más adelante en este libro. Por ejemplo, un estudiante tuvo tanto éxito al entablar una relación, que un cajero de un negocio... ¡le ofreció prestarle dinero para que pudiese realizar la compra!

Otras tácticas son catalogadas como "trucos". Un estudiante que quería comprar una botella de agua de elevado precio trató de mostrar una imagen de pobreza, no afeitándose y usando un par de zapatillas viejas, así como también ropa de mala calidad. Fingió tener tos para aparentar que no se encontraba en un buen estado de salud. Otros alumnos remarcaron los defectos de los productos, trataron de seducir al vendedor, o usaron un manejo estratégico del tiempo (por ejemplo, llegando a un local de pizzas justo antes de la hora de cierre, aprovechando que cualquier pedazo de pizza sin vender sería tirado a la basura o desperdiciado).

A veces, los estudiantes usan una combinación de tácticas. Un padre joven se presentó en un restaurante de sushi justo antes de la hora de cierre. Se puso un billete de 20 dólares en un bolsillo y uno de 10 dólares en otro bolsillo (para usar uno u otro, dependiendo de cómo avanzase la negociación) y aseguró que este era todo el dinero que le quedaba. También jugó una carta de simpatía al enfatizar en que sus hijos pequeños amaban el sushi. El resultado fue un descuento sustancial. Abordaremos y discutiremos la cuestión ética en un capítulo posterior.

Aún sin usar trucos o estrategias, los consumidores estadounidenses se están dando cuenta de que los vendedores minoristas están más dispuestos a negociar que nunca. Según un artículo del *New York Times*, ("Más minoristas ven el regatear como el precio de hacer negocios", 16 de diciembre del 2013), las tiendas están incluso enseñando a sus empleados a negociar con los clientes. El artículo da este consejo a los consumidores: "No presten atención al precio en la etiqueta".

4

Tres razones por las cuales no negociamos más a menudo

Si negociar da estos resultados, ¿por qué no lo hacemos más a menudo? Tres razones me vienen a la mente, las cuales deberías considerar al decidir si negociar o no. Para empezar, mucha gente se siente incómoda cuando negocia. Mis alumnos usan palabras tales como "vacilante" o "avergonzado" al describir sus sensaciones durante la experiencia de negociación en un local o comercio. Pero estos sentimientos no son universales, pues hay otros estudiantes que sí disfrutan el ejercicio, y describen la experiencia como "divertida" y "apasionante".

Para algunos estudiantes, quienes disfrutaron de la negociación, la experiencia tiene un impacto en la vida del individuo. Por ejemplo, un alumno declaró: "Me sentí tan bien que fui a casa y empecé a buscar otras cosas... que comprar. Esta actividad quizás haya creado un monstruo".

Los estudiantes de esta categoría suelen enviarme e-mails describiendo sus experiencias de negociación una vez graduados. Un estudiante manifestó que las habilidades de negociación adquiridas en el curso le permitieron ahorrarse $130 por mes de un departamento, aún no habiendo sido capaz de negociar un descuento en el precio del postre, en un restaurante. Un alumno de Europa tuvo éxito al negociar con la Mafia para conseguir que le devolviesen el coche de su padre, el cual había sido robado.

Otro estudiante, expuso buenas y malas noticias. Las buenas noticias son que siempre obtiene descuentos en los hoteles. Las malas, que su esposa ya no lo acompaña al escritorio de recepción (un artículo del *Wall Street Journal*, "¿Cómo conseguir un quiebre en el precio de prácticamente cualquier cosa? Fácil, solo pida", del 19 de agosto del 2006, apuntó que la mayoría de los encargados de recepción en los hoteles están autorizados a dar descuentos que oscilan entre un 10% y un 25%).

Además de la sensación de incomodidad durante el proceso, una segunda razón por la cual mucha gente no negocia es que los beneficios de hacerlo pueden ser menores que los costos. Max Bazerman, profesor de negociación reconocido a nivel internacional, cuenta la siguiente historia sobre sí mismo en su libro "*Smart Money Decisions*" (obra altamente recomendada). Para comprar un televisor de pantalla grande, realizó una búsqueda exhaustiva, analizando los distintos modelos y precios. Acudió, también, a distintos vendedores y, finalmente, obtuvo un combo que incluía el televisor junto con muchos otros servicios como la instalación del mismo y una antena satelital. Sus esfuerzos realizados durante las últimas veinte horas de búsqueda dieron, como resultado, un ahorro total de aproximadamente $120. ¿Fue esta una negociación exitosa?

La respuesta depende de cómo quieres aprovechar tu tiempo limitado en la vida. El profesor Bazerman concluyó que había cometido un error al ignorar el valor de su tiempo, el cual representaba más que $6 la hora. De todos modos, si disfrutas de negociar, más que de las otras oportunidades que la vida ofrece, como relajarse o pasar el rato con tus amigos y familia, entonces, el tiempo gastado en las negociaciones será tiempo bien usado.

Antes de decidir negociar, en lugar de disfrutar de otros placeres de la vida, considera lo que los profesores Jonah Berger y Aner Sela llaman "arenas movedizas de las decisiones", lo cual implica decidir acerca de cuestiones triviales, tales como qué marca de pasta dentífrica comprar (para un resumen de esta investigación, consultar "Research Roundup", *Knowledge@Wharton*, del 7 de noviembre de 2012).

A pesar de que este estudio se focaliza en la toma de decisión al momento de efectuar compras, el mismo truco podría aplicarse a decisiones acerca de si negociar o no. ¿Realmente estás dispuesto a dedicarle tiempo a la negociación de temas triviales, en lugar de usar el mismo para asuntos más importantes en la vida?

La tercera razón por la cual puedes no querer negociar radica en los riesgos que dicho procedimiento acarrea. Por ejemplo, si un empleador hace una oferta de trabajo, ¿deberías negociar con él? Para responder esta pregunta, sería prudente que efectuaras un análisis BATNA, como se indicará más adelante, en este libro. Asimismo, deberías ser consciente de las consecuencias jurídicas de la negociación. Por ejemplo, dependiendo de cómo es formulada, una contraoferta tuya podría causar el retiro de la oferta por parte del empleador.

Aún cuando tu respuesta a la oferta no sea legalmente una contraoferta, tu intento de negociación podría causar la rescisión de la oferta de trabajo. Por ejemplo, una universidad le ofreció un empleo docente a un candidato, quien respondió preguntando a la universidad si estaría dispuesta a aumentar el salario propuesto y ofrecerle beneficios adicionales. Ante ello, la universidad rescindió la oferta de empleo ("Negotiated Out of a Job", *Inside Higher Ed*, del 13 de marzo de 2014).

Puntos clave. Antes de comenzar a negociar, formúlate estas preguntas: ¿Te sientes cómodo negociando en esta situación? Los beneficios derivados de negociar, ¿superan los costos, como por ejemplo el tiempo dedicado? Las recompensas, ¿justifican los riesgos, tales como el de la pérdida de la oferta?

2 Determina el tipo de negociación

Una vez que hayas tomado la decisión de negociar, deberías responder tres preguntas antes de comenzar el análisis que se describirá en el capítulo 3: ¿Es ésta una negociación basada en posiciones o en intereses? ¿La negociación implica formalizar un acuerdo o resolver una controversia? Y ¿es ésta una negociación intercultural?

DECIDE SI LA NEGOCIACIÓN ES BASADA EN POSICIONES O INTERESES

Tradicionalmente, la negociación ha sido vista como una actividad basada en posiciones. Por ejemplo, tú y yo emprendemos una disputa por una pizza gourmet de anchoas. Mi posición es que yo debería comerme la pizza; tu posición es que la pizza te pertenece. Un amigo en común sugiere que corte la pizza por la mitad y que tú elijas la mitad que quieras. ¿Es este un buen resultado?

Los líderes de negocios y consultores especializados en negociación con quienes he trabajado en los últimos años, a primera vista, considerarían que este es un compromiso de beneficio mutuo, pues pareciera ser un resultado justo, que satisface a las dos partes. Esto podrá ser cierto en algunas circunstancias, pero también sería posible mejorar el resultado para ambos, yendo más allá de nuestras posiciones y explorando nuestros intereses subyacentes. Esta es la postura propugnada en el clásico libro de negociación "*Sí, de acuerdo*", o "*Getting to Yes*", en su versión

8

original, publicado en 1981.

Por ejemplo, si nuestro amigo me preguntara sobre mis intereses (por qué quiero la pizza), le explicaría que odio las anchoas, pero me gusta el borde. Los restos de la corteza de la pizza gourmet pueden ser convertidos en migajas, buen ingrediente para acompañar platos de vegetales. Si te preguntara a ti por qué la quieres, podrías responder que amas la pizza con anchoas, pero que nunca comes los bordes.

Si vamos más allá de las posiciones e identificamos los intereses subyacentes, arribaremos a un acuerdo que nos beneficie a ambos, sin dañar al otro. Así, en contraposición a nuestra solución originaria (cortar la pizza en mitades), habré duplicado la corteza que tanto me gusta y tú te llevarás más anchoas de lo que esperabas.

Por supuesto, muchas situaciones son netamente posicionales, por ejemplo, en la hipótesis en que ambos quisiéramos anchoas y nunca comiésemos el borde de la pizza. Una búsqueda prolongada de intereses (aunque no resultase perjudicial para las partes) sería, en estos casos, una pérdida de tiempo. Es por eso que deberías intentar identificar el tipo de negociación desde un principio. ¿Es ésta una negociación basada en posiciones (donde tu divides la pizza) o en intereses (donde en efecto preparas una pizza más grande)?

Conceptualmente esta pareciera ser una simple pregunta. Sin embargo, no lo es, y el tema adquiere complejidad al utilizar, los expertos en negociación, una variedad de términos para describir estas dos alternativas. Por ejemplo, algunos académicos consideran que la partición de la pizza constituye un ejemplo de negociación "distributiva", ya que implica el corte y distribución de porciones fijas, mientras que utilizan el nombre de negociación "integrativa" para designar a la expansión de la pizza, pues el objetivo es expandir la misma, integrando los intereses de las partes.

Otros expertos sostienen que la división de la pizza es una demanda de valor (tú quieres la porción más grande posible de una pizza cortada en porciones) y que la expansión de la misma es, por el contrario, generación de valor (al lograr una pizza más grande). Esta última postura constituye un objetivo clave de los negocios. Si bien la creación de valor es discutida a nivel estratégico y conceptual en juntas de directores, lo cierto es que se hace presente diariamente durante las negociaciones cotidianas entre empresas. Aquellas organizaciones que han desarrollado habilidades de negociación presentan una poderosa ventaja comparativa en relación a sus competidores.

También se emplean otros términos para describir negociaciones focalizadas en la división de la pizza, como por ejemplo: "competitiva", "ganar/perder", "suma cero" y "adversaria". Por el contrario, las negociaciones que tienen por objeto agrandar la pizza, son definidas como "cooperativa", "ganar/ganar" (de beneficio mutuo), "no suma cero" y "solución de problemas".

Cuando doy clases de negociación a lo largo del mundo y pongo énfasis en la importancia de intentar expandir la pizza descubriendo los intereses subyacentes, a menudo recibo inquietudes de gente con profunda experiencia en negocios, quienes sostienen que la mayoría de las negociaciones son basadas más que nada en posiciones, mas no en intereses. Cuando vendes, por ejemplo, tu producto a un cliente, te encierras en una posición (precio alto) y el comprador se encierra en otra (bajo precio). Si estás negociando con un concesionario de automotores, este querrá imponer un alto precio y tú querrás pagar lo mínimo posible.

Por otro lado, muchos otros negociadores experimentados insisten en la negociación basada en intereses. Entonces, ¿quién tiene la razón?

En mi opinión, ambas posturas son correctas. En una típica negociación, cada parte comienza con una posición tomada, precio alto versus precio bajo, por ejemplo. Por ello, deben siempre buscar los intereses subyacentes preguntándose "¿por qué?" para tratar de identificarlos. ¿Por qué quieres la pizza?

Posición

_____

Interés

Esta pregunta puede derivar en dos posibilidades. Las partes podrían descubrir que no existen intereses subyacentes que puedan utilizar para construir una pizza más grande. En tal caso, volverían a la negociación basada en posiciones. Por el contrario, podrían identificar intereses que efectivamente permitiesen alcanzar una pizza de mayor dimensión. En esta situación, también recurrirán al criterio posicional, ya que ahora negociarán sobre sus respectivos trozos de la pizza, ya con su nuevo tamaño.

Posición

_____

Interés

Puntos clave. Una vez que decidas negociar, deberías primero determinar si la negociación será basada en posiciones o en inter-

11

eses. Aún cuando creas que es una negociación basada en posiciones, deberías intentar buscar los intereses subyacentes. Si no puedes encontrarlos, entonces tu negociación es posicional. Pero aún si identificas intereses y construyes una pizza más grande, tu negociación sigue siendo posicional, aunque ahora hay una oportunidad para ambas partes de obtener trozos más grandes ya que la pizza tiene una dimensión mayor.

DETERMINA SI LA NEGOCIACIÓN IMPLICA HACER UN ACUERDO O RESOLVER UNA DISPUTA

La segunda cuestión a la cual deberías prestar atención luego de decidirte a negociar es si la negociación implica hacer un acuerdo o resolver una disputa. En un artículo llamado "La cualidad Jano de negociación: Haciendo acuerdos y resolviendo disputas" (*Negotiation Journal*, abril de 1988), Frank Sander y Jeffrey Rubin sintetizan la diferencia entre los dos tipos de negociación, haciendo referencia al dios romano Jano, quien tiene dos caras, una que mira al futuro y otra, al pasado.

Como la cara derecha de Jano, una negociación que consiste en hacer un acuerdo mira hacia el futuro. El énfasis está en la solución del problema y en la identificación de los intereses de las partes. En cambio, una negociación por resolución de disputas, como la cara izquierda de Jano, tiende a mirar hacia el pasado, haciendo foco en las posiciones y reclamando valor de un modo adversario.

Si bien la diferencia entre negociaciones de hacer acuerdos y las de resolver disputas afectarán tu estrategia de negocios, la resolución de disputas puede ser convertida en una negociación basada en intereses. Con frecuencia, les planteo a mis alumnos una situación hipotética en la cual se presenta una controversia entre una compañía que desarrolla software estadístico y el titular de su licencia. La compañía descubre que este último ha estado trabajando en una adaptación del software y planea venderla a otras empresas, violando así los términos contractuales de la licencia. La compañía, entonces, lo demanda por muchos millones de dólares.

Al analizar esta situación desde la perspectiva de la compañía de software, la mayoría de los estudiantes adopta una actitud adversaria y basada en una posición. Concluyen que tienen un argumento fuerte y recomiendan no arribar a un acuerdo en el proceso judicial. Sin embargo, unos pocos reconocen que ambas partes pueden beneficiarse si trabajan conjuntamente en aras de un objetivo común. Mejor que dejar que el tribunal judicial determine quién gana y quién pierde ("juego de suma cero") es tratar de ganar ambos, usando un plan de marketing estratégico que incremente el total de beneficios, de modo que estos excedan la suma de las ganancias que obtendrían por separado.

Puntos clave. Siempre que sea posible, trata de convertir una negociación por resolución de disputas en una que consista en hacer acuerdos, buscando los intereses subyacentes que puedan ser integrados en beneficio de ambas partes.

Tipos de procedimientos para la resolución de disputas

Existen muchos otros procedimientos de resolución de disputas para cuando no puedas solucionar una, negociando. Un conflicto surgido en mi universidad (como lo cuenta *The Michigan Daily*) sirve a modo de ejemplo para esto. Una mañana fría de febrero a las 4:00 a.m., se formó una fila de estudiantes afuera de la pista de baloncesto. Estos estudiantes querían comprar entradas para un partido que sería jugado más tarde, ese mismo día.

A las 7:00 a.m. otra fila comenzó a formar en un lugar distinto. Los estudiantes de esta fila decían que los otros estudiantes estaban esperando en un lugar equivocado y demandaban que fuesen movidos al final de la cola de las 7:00 a.m. Esto llevó a un conflicto, el cual necesitaba ser resuelto. Tanto en una simple disputa como esta, como en controversias empresariales más complejas, se pueden utilizar diversos procedimientos, además del de negociación.

Evitación. Como el nombre lo indica, el conflicto puede resolverse cuando una parte evita la disputa, cediendo ante la otra.

Mediación. La mediación se parece bastante a la negociación, excepto por la particularidad de que un tercero, el mediador, ayuda a las partes a resolver la disputa. Piensen en la mediación como una negociación asistida.

Arbitraje. El arbitraje también involucra una tercera parte pero, a diferencia de la mediación, dicho tercero, el árbitro, tiene autoridad para tomar una decisión acerca de la disputa. En un proceso típico de arbitraje, las partes en conflicto deben acatar dicha decisión.

Litigio. Como en el arbitraje, el tercero (en este caso el juez) tiene autoridad para tomar una decisión. A diferencia del arbitraje, los procedimientos son públicos.

Poder. La parte que se encuentra en una posición poderosa puede forzar a la otra a hacer lo que la primera quiera.

En la disputa de las filas para sacar entradas, se usaron distintos procedimientos. Primero, la policía llegó y, actuando como árbitro, decidió que los estudiantes de la fila de las 4:00 a.m. estaban formando en un lugar equivocado y les ordenó que se moviesen a la parte de atrás de la fila de las 7:00 a.m. Después, un representante del departamento de deportes actuó como mediador e hizo los arreglos necesarios para que todos los estudiantes pudiesen obtener entradas. Por último, a la mañana siguiente y en una reunión, los estudiantes negociaron para prevenir que este tipo de conflicto volviese a surgir en el futuro.

Perspectivas de procedimientos de resolución de disputas

Independientemente de si estás involucrado en una disputa personal o empresarial, deberías tener en cuenta una variedad de perspectivas a la hora de elegir el procedimiento de resolución de controversias a implementar.

Perspectiva de la resolución alternativa de disputas. En los conflictos empresariales, el litigio es visto a menudo como un enemigo, pues representa costos sustanciales en términos de tiempo y dinero. Hace muchos años, los líderes empresariales empezaron a cuestionarse por qué estaban tercerizando sus controversias a abogados y al sistema judicial. Uno de estos líderes, el CEO Walter Wriston, de Citicorp, invitó a representantes de diez escuelas de negocios a una reunión en la ciudad de Nueva York, donde nos remarcó la importancia de los caminos alternativos al litigio.

Esta reunión animó a las escuelas de negocios a ofrecer cursos de procedimientos de resolución alternativa de disputas (ADR, siglas en inglés): arbitraje, mediación y negociación. Entender estos procedimientos es importante, pues las negociaciones empresariales suelen incluir la discusión acerca de procedimientos ADR que serán usados en caso de que surjan problemas al ejecutarse el contrato. Desarrollaremos en mayor grado de detalle las ADR en el capítulo 10.

Los abogados, por cierto, tienen sentimientos encontrados acerca de las ADR. Algunos bromean diciendo que ADR significa "caída alarmante en los ingresos" ("alarming drop in revenue", en inglés). De todos modos, muchas firmas líderes han adoptado las ADR y desarrollado cierta experiencia en su uso.

Procedimientos con un tercero. Los procedimientos que involucran un tercero (litigio, arbitraje y mediación) son importantes para los líderes empresariales por dos razones. La primera es que hacen uso de ellos para resolver disputas con otras empresas. La segunda consiste en que, en el trabajo día a día con sus compañías, estos líderes recurren a tales procedimientos al actuar como terceros de un conflicto entre sus subordinados.

Poder, derechos e intereses. Los académicos suelen usar un marco teórico de poder, derechos e intereses al describir la negociación, así como otros procedimientos de resolución de disputas. El poder fue explicado anteriormente. Los procedimientos orientados hacia derechos son el litigio y el arbitraje, donde el tercero decide quién tiene razón y quién no. Los procedimientos orientados hacia intereses son la mediación y la negociación.

A pesar de ser originariamente académico, el marco teórico de poder/derechos/intereses constituye una herramienta útil para los gerentes, al encarar una disputa. La siguiente lista, parafraseada de un documento interno perteneciente a una gran corporación, ilustra las alternativas que tiene un gerente, ante el suceso de un conflicto:

1. *Poder*. Usa el poder para forzar a la otra parte a que complazca tus demandas.

2. *Derechos*. Autoriza a un juez o árbitro a que decida si tienes razón.

3. *Evitación*. Cede ante la otra parte.

4. *Intereses*. Negocia un acuerdo basado en los intereses subyacentes.

Por ejemplo, si tu compañía se ve involucrada en un conflicto con un proveedor y muchos otros proveedores quieren hacer negocios contigo, probablemente te convenga usar la opción de poder para forzar al proveedor a que haga lo que tú quieras. Por otro lado, si tu disputa es con consumidores clave, lo más conveniente será usar la opción de evitación y ceder ante su demanda, aún cuando sepas que tú tienes la razón.

Uso de procedimientos de resolución de disputas al hacer acuerdos. Históricamente, la negociación ha sido el procedimiento clave para hacer acuerdos, mientras que todos los procesos descriptos previamente han sido usados para resolución de disputas. Sin embargo, en los años recientes, los negociadores han comenzado a aplicar procedimientos de resolución de disputas para hacer acuerdos, tales como el arbitraje y la mediación. Este cambio será descripto en el capítulo 10.

Puntos clave. Trata de convertir una negociación por resolución de disputas, en una que consista en hacer acuerdos, buscando los intereses subyacentes. Considera usar las perspectivas "ADR" y de "poder/derechos/intereses" cuando intentes resolver conflictos. También intenta usar procedimientos de resolución de disputas como mediación y arbitraje, al hacer acuerdos.

DETERMINA SI ESTÁS EN UNA NEGOCIACIÓN INTERCULTURAL

Una negociación intercultural implica desafíos únicos, el primero de los cuales es… ¡determinar si estás en una! Solemos pensar que las negociaciones interculturales comprometen partes de distintos países, por ejemplo, una negociación entre sujetos de India y Brasil. Sin embargo, debido a que muchos países son multiculturales, puede ocurrir que te veas involucrado en una negociación intercultural con tu vecino de al lado.

En una negociación típica, primero debes analizar tus intereses y los de la otra parte. Después, durante el desarrollo de la negociación, deberás intentar determinar si tu percepción acerca de los intereses de la otra parte es acertada.

Las negociaciones interculturales, sin embargo, traen consigo dos obstáculos que debes sortear para poder identificar los intereses de la otra parte. El primero es su estilo de negociación, también conocido como "cultura superficial". La otra dificultad a superar es entender los valores y creencias de la otra parte, comúnmente llamados "cultura profunda" (Ball & McCulloch, *International Business*).

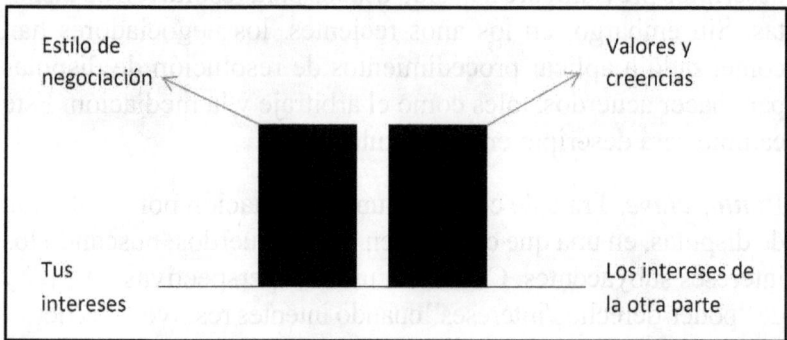

Estilo de negociación		Valores y creencias
Tus intereses		Los intereses de la otra parte

Un gran desafío, a la hora de vencer estos dos obstáculos, es que suelen existir diferencias dentro de una misma cultura. Por ejemplo, cuando fui decano asociado de la escuela de negocios Ross, en la Universidad de Michigan, una de mis responsabilidades era supervisar un programa por el que enviábamos estudiantes MBA a la reserva Navajo. Previamente a mi primer visita a la reserva, traté de aprender acerca de la cultura de Navajo, leyendo libros y consultando páginas web en Internet. Descubrí, por ejemplo, que en la cultura navaja los apretones de manos son débiles y que es de mala educación mirar a la gente directo a sus ojos.

Al llegar a la reserva, el primer nativo que conocí me miró directamente a los ojos y me dio un apretón de manos firme. Si bien me sentí ridículo al mirar hacia un costado y ofrecer una mano débil a la hora de estrechar la suya, más tarde aprendí que este tipo de gestos era inusual. De todos modos, esto me sirvió como lección memorable acerca de que existen diferencias dentro de una misma cultura, y los estereotipos deben ser evitados.

Jeswald Salacuse, ex decano de la "Fletcher School" en la Universidad de Tufts y experto en materia de negociación internacional, ha desarrollado una evaluación sobre las negociaciones interculturales, la cual involucra un proceso de tres pasos. Primero, completa la evaluación que está en el Anexo C. Luego, estima dónde cae, respecto de cada ítem de la lista, tu contraparte proveniente de otra cultura. A continuación, haz un análisis de brechas: ¿dónde están las mayores grietas entre tu estilo de negociación y el de la otra parte? Esto focalizará tus medidas para una negociación intercultural.

Completar la evaluación y realizar un análisis de brechas son ejercicios útiles aún cuando no estás involucrado en una negociación intercultural. Pero, en caso de que estés en una, se recomienda un cuarto paso. Luego de haber identificado las brechas, deberías practicar para la negociación inminente realizando un ejercicio de rol revertido, en el cual tú adoptas el estilo de la otra cultura.

Este ejercicio tiene dos beneficios. Primero, provee de un entendimiento más profundo sobre el estilo de la otra parte, lo cual será útil durante la negociación. La otra ventaja es que a raíz de este ejercicio, puedes adquirir tácticas que serán útiles de aplicar en el futuro.

Por ejemplo, suelo asignarle a mis alumnos roles revertidos, en los que están limitados en lo que pueden decir durante la negociación. Más tarde, declaran que este ejercicio les permite entender el poder del silencio. Por ejemplo, al permanecer en silencio, la otra parte probablemente seguirá hablando y revelará información útil sobre sus intereses y BATNA (un concepto que desarrollaremos en el capítulo 3). También descubren que si hablan poco, la otra parte escuchará más atentamente lo que ellos digan.

Una última cuestión a considerar durante la preparación de una negociación intercultural tiene que ver con un viejo proverbio "Cuando en Roma, haz como los romanos". ¿Es, este, un buen consejo para los negociadores? Cuando estés negociando en otra cultura, ¿deberías adoptar el estilo local de negociación?

Responder "sí" a estas preguntas puede causar dos problemas. Uno es que si la otra parte adopta ese mismo enfoque, ambos se sentirán en ridículo, tratando de usar el estilo del otro. Una vez me contaron una historia sobre un negociador japonés que se reunió con un estadounidense por primera vez. El japonés extendió los brazos para abrazar al estadounidense, al tiempo que este último se inclinaba, dando como resultado un abrazo al aire.

El segundo problema es que si no entiendes completamente la cultura de la otra parte, tus intentos por copiar su estilo quizás sean considerados ofensivos. Uno de los participantes en mi seminario de negociación para ejecutivos fue el CEO de una subsidiaria extranjera de una gran corporación multinacional. A diferencia de otros inmigrantes, quienes a menudo viven en enclaves con otros ejecutivos de la compañía, de su país de origen, él se mudó con su familia a un pequeño pueblo y se sumergió completamente en la cultura local. Debido a esta experiencia, se sintió seguro al adoptar el estilo de negociación local, pero este caso es una excepción.

El mejor consejo que he recibido acerca de la cuestión "cuando en Roma" ha sido de un ex estudiante mío, de Japón, que llegó al nivel más alto de la mayor compañía de seguros de vida en el mundo. Cuando le pregunté si los estadounidenses deberían adoptar un estilo japonés al negociar en Japón, me contestó:

Los estadounidenses deben mantener su propio estilo. Por supuesto, es importante respetar la cultura de cada país. Si nos respetamos el uno al otro, la negociación será cómoda y constructiva. Cuando negocié con gente de Estados Unidos, incluyendo a Jim Robinson (ex CEO de American Express) y a Richard Fuld (ex CEO de Lehman Brothers), o gente de Europa, incluyendo al Dr. Breuer (CEO de Deutsche Bank), me sentí muy cómodo con el estilo que ellos adoptaron, aunque fuesen más directos, más abiertos, más agresivos y su actitud, más relajada, sobre todo la de los estadounidenses. El éxito de las negociaciones entre compañías de distintos países depende del respeto entre ellas, más que del estilo.

Puntos clave. Haz un análisis de brechas para entender en qué se diferencian tu estilo de negociación y el de la otra parte. Ten presente que existen diferencias dentro de cada cultura. Investiga acerca de la idiosincrasia de la otra parte, para evitar gestos ofensivos, dentro de la misma, pero cuídate de tratar de adoptar el estilo de negociación de la otra cultura.

3 Realiza un análisis de negociación

Una vez que hayas determinado el tipo de negociación en el que estás involucrado (¿basada en intereses o en posiciones? ¿destinada a formalizar un acuerdo o a resolver una controversia? ¿intercultural?), estás ya en condiciones de realizar un análisis de negociación. En este capítulo exploraremos, en primer término, las preguntas generales que deberías formularte al llevar a cabo esta evaluación. Luego, pondremos énfasis en dos aspectos particulares de tu análisis: tu BATNA en el supuesto de una negociación para la resolución de una disputa y el uso de árboles de decisión para calcular tu BATNA.

Seis preguntas al realizar un análisis de negociación

Asumamos que estás manteniendo una negociación simple y cotidiana, la venta de un coche, y te preparas para negociar con Kyle, un posible comprador. Kyle es la única persona que respondió a tu aviso de venta. Tú necesitas obtener por lo menos $4.000 de la venta del coche para financiar la compra de un camión que acabas de encargar.

Quieres mantener el coche tres semanas más, hasta el momento en que el camión sea entregado. El valor razonable del coche (en base a varios cálculos on-line) es de $5.000. Si no puedes encontrar un comprador dispuesto a pagar al menos $4.500, venderías tu coche a tu amigo Terry por $4.000. Sabes que Terry te permitiría conservar el coche esas tres semanas.

Cuando les solicito a los participantes de mis seminarios que analicen la estrategia en una negociación como esta (o en una de mayor complejidad aún, en asuntos de negocios), a menudo obtengo respuestas vagas, orientadas a formularle preguntas a la otra parte. Preguntar es una táctica importante que profundizaremos en el capítulo 5. Sin embargo, sus ventajas se diluyen si no tienes parámetros en mente que te permitan evaluar las respuestas que recibes. En términos de un ex jugador de béisbol, Yogi Berra, "Si no sabes adonde estás yendo, terminarás en algún otro lado". Aquí te presento una lista de seis preguntas que deberías hacerte a ti mismo, para ayudarte a entender dónde es que quieres ir.

1. **¿Cuál es el objetivo general en la negociación? ¿Por qué es éste mi objetivo?** En este ejemplo concreto, tu objetivo es vender tu coche. Quieres vender el coche para poder financiar la compra de un camión que ya ha sido pedido.

2. **¿Qué asuntos son los más importantes al alcanzar este objetivo y por qué son los mismos importantes?** El capítulo enfatiza la importancia de ir más allá de lo que tu quieres (tu posición), preguntándote por qué lo quieres (tus intereses). En este caso, resultan ser puntos esenciales (intereses) el precio (para que puedas financiarte la compra del camión) y la fecha de transferencia (porque necesitas el coche durante las próximas tres semanas mientras esperas la entrega del camión).

3. **¿Cuál es mi mejor alternativa a un acuerdo negociado (BATNA)?** Estas siglas nacieron en el mundo del análisis de la negociación en 1981, con la publicación del libro "*Getting to Yes*". Dicho de otra manera, ¿cuál es tu mejor alternativa si no se llega a un acuerdo? Es importante identificar tu mejor alternativa ya que ella te da impulso en una negociación. En palabras de uno de mis estudiantes, deberías "enamorarte" de tu BATNA, ¡siempre

que sea fuerte!

En este ejemplo, tu mejor alternativa es vender el coche a tu amigo Terry por $4.000. El hecho de que estés dispuesto a aceptar de él un precio inferior al mínimo de $4.500 que le exigirías a Kyle, ilustra la importancia de las relaciones en la negociación. En caso de existir una relación estrecha, los negociadores suelen estar más flexibles en sus requerimientos.

4. **¿Cuál es mi precio de reserva?** Este es el precio más alto que un comprador está dispuesto a pagar o el precio más bajo que un vendedor está dispuesto a cobrar. En este ejemplo, tu precio de reserva es $4.500.

5. **¿Cuál es el precio más probable?** En esta negociación, los hechos indican que el valor más probable del coche es $5.000.

6. **¿Cuál es mi objetivo idealista (casi imposible de alcanzar)?** Este es un componente importante pero, también, el más complejo del análisis. Este objetivo se refiriere, en nuestro caso, a una cantidad superior al precio más probable desde la perspectiva del vendedor e inferior al precio más probable desde la óptica del comprador.

Generalmente, los negociadores que fijan sus objetivos idealistas, casi imposibles de alcanzar, de manera muy ambiciosa, son los más exitosos en las negociaciones, con una importante salvedad. Si no tienes un fundamento fáctico para este objetivo, corres el riesgo de perder credibilidad con la otra parte.

Por ejemplo, en 1997 el boxeador Mike Tyson compró una casa de 5200 metros cuadrados con 18 habitaciones y 38 baños por $2,7 millones. El siguiente año trató de vender la casa fijando un más que ambicioso precio de

$22 millones. Al no surgir oferentes, bajó el precio de venta a $5 millones, antes de retirar la casa del mercado. Aparentemente, había perdido credibilidad. Esta historia fue dada a conocer en un artículo titulado "No Bites on Tyson House", publicado el 25 de enero de 2002, en el *Wall Street Journal*.

Además del riesgo de la pérdida de credibilidad, no hay reglas claras para la fijación de objetivos idealistas. Supongamos que el tuyo es de $6.000.

Para responder estas preguntas, suele servir de ayuda visualizar tus conclusiones.

	Precio de reserva	Más probable	Idealista
BATNA			
	4500	5000	6000

Como lo veremos en el capítulo 7, al considerar la psicología de la negociación, los grandes negociadores tienen la habilidad de analizar este proceso desde la perspectiva de la otra parte. Por lo tanto, al prepararte para negociar, deberías tratar de estimar cuáles serán las respuestas de Kyle a estas preguntas.

Estos números, obviamente, no serán precisos y deberás tratar de obtener información adicional una vez que las negociaciones comiencen. Pero, por el momento, supongamos que el precio de reserva de Kyle (que es lo máximo que él pagará) es $5.500, el precio más probable estimado es $4.500 y el objetivo idealista, es $3.500. Podemos asimismo asumir que el BATNA de Kyle es comprar un coche a otra persona.

25

	Precio de reserva	Más probable	Idealista
BATNA			
	4500	5000	6000
	3500	4500	5500
			BATNA
	Idealista	Más probable	Precio de reserva

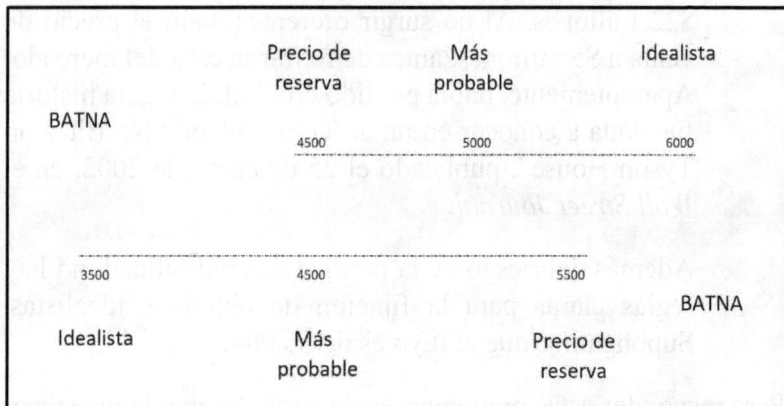

Con estos números en mente, estás, ahora, en condiciones de completar la última parte del análisis: el cálculo de la zona de posible acuerdo, o ZOPA (siglas en inglés: "Zone of Potential Agreement"). Esta es la zona en la cual el acuerdo puede tener lugar. En este caso, el precio será no inferior a tu precio de reserva, $4.500, y no superior al precio de reserva de Kyle, $5.500. Esta es la descripción del análisis de ambas partes.

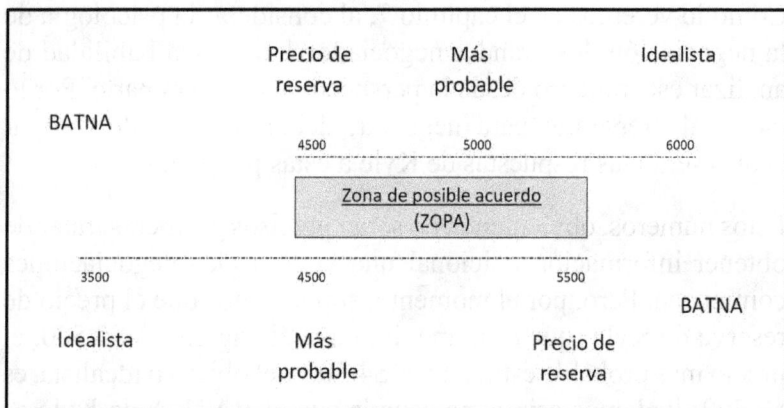

	Precio de reserva	Más probable	Idealista
BATNA			
	4500	5000	6000
	Zona de posible acuerdo (ZOPA)		
	3500	4500	5500
			BATNA
	Idealista	Más probable	Precio de reserva

Hace unos años tuve la oportunidad de dictar mi curso a unos estudiantes rusos en Bulgaria. Cada vez que me refería a "ZOPA" (por ejemplo, mencioné que era bueno comenzar a negociar con una gran ZOPA), ellos se largaban a reír. Cuando les pregunté qué es lo que les causaba tanta gracia, me comentaron que ZOPA es una palabra rusa que se refiere al trasero de uno. ¡Las diferencias lingüísticas constituyen un reto al enseñar en un entorno multicultural!

Este análisis de negociación particularmente se focalizó en el precio. Pero ¿cómo deberías analizar el otro elemento esencial para ti, como lo es el conservar el coche por tres semanas más? Deberías intentar anticiparte a la respuesta de Kyle a este pedido.

Hay dos posibles respuestas. En primer lugar, a Kyle podría no importarle la fecha de la transferencia. Como astuto negociador, Kyle podría simular interés al sólo efecto de bajar el precio, pero por lo menos estarás en condiciones de alcanzar un acuerdo.

La respuesta más desafiante podría ser que Kyle necesite el coche inmediatamente, en cuyo caso, tus dos posiciones estarían directamente en conflicto. Deberías prepararte para esta opción moviéndote más allá de la posición de Kyle ("Necesito el coche inmediatamente"), para explorar intereses subyacentes.

Por ejemplo, cuando le preguntas a Kyle "¿por qué?" ("¿Por qué necesitas el coche de inmediato?"), su respuesta podría ser que lo necesita para ir al trabajo. Y entonces, podrías encontrar el modo de satisfacer su necesidad facilitándole una alternativa de transporte a Kyle durante las próximas tres semanas. Inclusive podrías ofrecerte para llevarlo a su trabajo.

Puntos clave. Prepárate para la negociación, formulándote a ti mismo las seis preguntas descriptas en este capítulo y trata de predecir cómo reaccionará la otra parte a esas preguntas. Además, prepárate para buscar intereses subyacentes.

El análisis de tu BATNA en una negociación por resolución de disputa

Como se dijo anteriormente, el BATNA es un concepto fundamental que nos confiere poder al negociar. En la mayoría de las transacciones comerciales, la aplicación del concepto es bastante sencilla, ya que implica la consideración de acuerdos alternativos. Se torna más complejo en el caso de negociación por resolución de disputas donde, en última instancia, el BATNA puede llegar a ser un proceso judicial.

El escenario de una resolución de controversia requiere el conocimiento básico, en primer término, del proceso judicial en general y, asimismo, de técnicas para evaluar los resultados del litigio. En esta sección analizaremos el proceso litigioso y en la próxima nos detendremos en una herramienta de evaluación de resultados en ambos tipos de negociaciones, tanto para hacer un acuerdo, como para resolver una disputa.

Al tratar el proceso litigioso, examinaremos las diferencias fundamentales entre litigar en los Estados Unidos de América y en otros países. En una economía global, es esencial que comprendas estas diferencias, así puedes tomar decisiones adecuadas en cuanto a la estrategia del litigio y las posibilidades de acuerdo. A continuación, detallamos cinco importantes diferencias:

1. **Honorarios de contingencia.** En los Estados Unidos de América, los abogados son contratados con pacto de honorarios sobre una base contingencial, lo que significa que el pago por sus servicios está condicionado al resultado del caso. Por ejemplo, si un abogado pactó un 30% sobre base contingencial y se obtiene una ganancia de $10 millones, los honorarios serán de $3 millones. Si pierde el caso, sus honorarios serán el 30% de cero. Es sabido que el sistema de honorarios de contingencia se ha expandido, recientemente, a varios países fuera de los Estados Unidos.

2. **Indemnización por daños y perjuicios.** La finalidad de los "daños y perjuicios" es, en el mundo, compensar, resarcir e indemnizar a la parte que sufrió el daño. Pero además, en ciertas circunstancias, en los Estados Unidos, los tribunales pueden imponer sanciones punitivas, establecidas para castigar a alguien por acciones intencionales, maliciosas o culposas.

3. **Prueba.** En esta etapa del proceso litigioso, los abogados aportan pruebas y evidencias. Los tribunales estadounidenses han tenido siempre un criterio liberal en el sentido de permitir, a los abogados, indagar y recabar pruebas, aún extrayendo evidencias de documentos en poder de la parte contraria del litigio.

4. **Jurados.** A diferencia de la mayoría de los países, en los Estados Unidos se permite que los jurados tomen decisiones en casos civiles.

5. **"Regla estadounidense".** En los Estados Unidos, la regla tradicional es que cada parte debe pagar los honorarios de sus respectivos abogados, aún ganando el caso. En otros países, rige el principio según el cual "Paga quien pierde" (también llamada "la regla de cualquier otro lugar con excepción de EEUU"), donde la parte vencida paga los honorarios judiciales de quien triunfa.

Estas características del sistema estadounidense, combinadas entre sí, pueden hacer del litigio un atractivo BATNA para los demandantes que inician el proceso. Por ejemplo, si contrato un abogado con honorarios de contingencia para entablar acciones judiciales en tu contra, tú contratarás un abogado para que te defienda. Si la corte rechaza la demanda, no debería pagarle nada a mi abogado pues con él pacté honorarios sobre base contingenciales, es decir, previendo un resultado exitoso. Y, según la regla estadounidense, no tendría que pagar los honorarios de tu abogado, aún cuando haya sido la parte vencida en el proceso.

Para ilustrar estos cinco elementos del sistema en los Estados Unidos, examinemos un caso decidido por la Suprema Corte de Tennessee, *Flax contra DaimlerChrysler* (272 S.W.3d 521). En este caso, un abuelo conducía su coche Dodge Caravan con tres pasajeros (un amigo que estaba sentado en el asiento del acompañante, la hija del conductor en el asiento trasero, y su nieto de 8 meses de edad al costado de esta última). Una camioneta, que se desplazaba a excesiva velocidad, embistió contra la parte posterior del Caravan, produciendo que el asiento trasero del pasajero se derrumbara, aplastando y causando la muerte del bebé.

Si bien no fue discutido en el caso, suponemos que la negociación por la indemnización de daños y perjuicios no dio resultados exitosos, por lo que el proceso siguió sus pasos, avanzando hacia una decisión de la corte (BATNA). También, podemos asumir que los padres del bebé contrataron un abogado, pactando **honorarios de contingencia**.

Los procesos judiciales comienzan con la presentación de una demanda. En su demanda contra el fabricante del coche, los padres del bebé alegaron que los asientos estaban defectuosos y que la compañía no había alertado de dicha falla a los compradores. En su contestación de demanda, la empresa rechazó la hipótesis de que los asientos tuvieran una falla.

Luego de la demanda y su contestación, se abre la **etapa probatoria**. En este caso, el abogado de los padres identificó que el equipo de seguridad de la empresa había llegado a la conclusión de que "los asientos no eran adecuados para proteger a los consumidores". La empresa había ordenado la destrucción de las minutas de la reunión donde se trató este asunto, además de disolver el equipo y despedir al gerente del área.

La siguiente etapa es el juicio, donde un **jurado** condenó a la empresa a pagarle, a los padres del niño, $5 millones por el homicidio culposo de su bebé y otros $98 millones en concepto de **daños y perjuicios.** El tribunal inferior y la corte de apelaciones redujeron los daños y perjuicios a $13,4 millones, por lo que el total de daños ascendió a $18,4 millones. Si bien no se discutió en la corte, suponemos que, por aplicación de la **regla estadounidense**, los honorarios del abogado de los padres fueron deducidos de este total y no se recuperaron de la empresa.

Una característica que el sistema de los Estados Unidos comparte con otros sistemas legales es que el proceso judicial, desafortunadamente, lleva mucho tiempo. El accidente, en este caso, tuvo lugar el 30 de junio de 2001 y la decisión final fue resuelta casi ocho años más tarde, el 26 de mayo de 2009.

Puntos clave. Cuando negocias un acuerdo para poner fin a una controversia, tu último BATNA debería ser el proceso litigioso. Este BATNA, con frecuencia, no es atractivo, especialmente en EEUU, por lo que deberías intentar concluir un acuerdo negociado con la otra parte.

Utiliza árboles de decisión para calcular tu BATNA

En esta sección analizamos los "árboles de decisión", los cuales constituyen instrumentos valiosos que pueden ser utilizados para calcular tu BATNA, tanto para concluir un acuerdo como para resolver una disputa. Esta herramienta también es útil para tomar otro tipo de decisiones personales (¿me debería operar la rodilla?) o comerciales (¿debería invertir en una actividad riesgosa?).

Calcula tu BATNA en la resolución de disputas. Observemos, en primer lugar, el uso de un árbol de decisión para calcular el valor de tu BATNA definitivo en una negociación por resolución de disputas, un juicio. Supongamos que tu empresa demanda a un proveedor por $4,6 millones. Tu abogado te advierte que hay una probabilidad del 50% de que tu empresa gane. Los gastos que implicará el juicio ascienden a un total de $400.000.

Durante las negociaciones, el proveedor ofrece $2 millones para llegar a un arreglo y así dar por terminado el caso. ¿Deberías aceptar la oferta? Como en toda negociación, tu respuesta dependerá de tu BATNA. Como tus emociones y actitud hacia el riesgo podrían entrar en juego, examinemos cómo un árbol de decisión puede ser utilizado para efectuar un cálculo lógico del valor de tu BATNA.

El primer paso en esta técnica de análisis es representar la decisión con un cuadrado o rectángulo, mientras que con círculos se simbolizan las incertidumbres. Este es un paso importante en el proceso para clarificar tu pensamiento, aún si te detienes aquí.

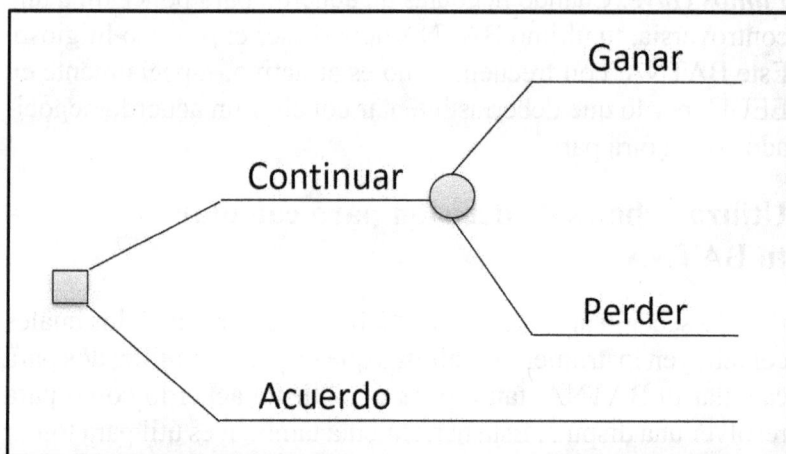

El segundo paso en el proceso es agregar números al árbol. La chance de 50% de ganar es mostrada en la intersección de incertidumbres, mientras que las consecuencias financieras se muestran en los extremos de cada ramificación. Los gastos legales han sido deducidos para arribar a la suma de $4,2 millones.

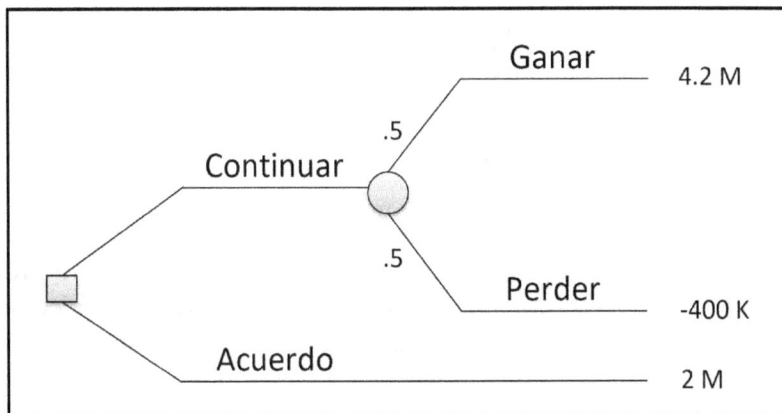

Finalmente, el valor estimado en caso de continuar con el litigio se obtiene calculando la media ponderada de dos posibilidades inciertas. Cincuenta por ciento de 4,2 más 50% de $400.000 negativos, es igual a $1,9 millones. Esto es menos que la oferta de acuerdo de $2 millones, por lo tanto la lógica indicaría aceptar la oferta, ya que es mejor que tu BATNA (continuando con el litigio).

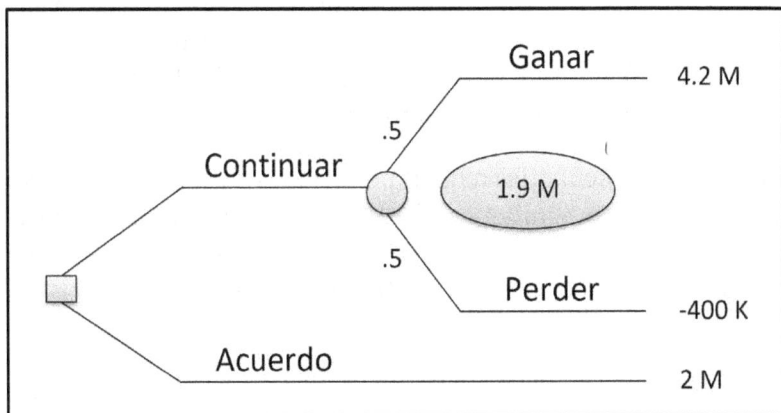

Calcula tu BATNA para hacer un acuerdo. El mismo proceso puede ser aplicado para calcular tu BATNA para concluir un acuerdo. Imaginemos que estás negociando para adquirir la empresa A, la cual está valuada en $21 millones. Si compras A, hay una probabilidad del 90% de que el gobierno impugne la adquisición y un 60% de posibilidades de que gane. Si el gobierno gana, el valor de A caerá a $14 millones en virtud de los gastos de la venta, además de los honorarios y costos legales. Aún resultando vencido el gobierno, el valor de A caerá a $19 millones en razón de dichos costos legales.

Tu BATNA es adquirir la empresa B. B está valuada en $15 millones y está disponible por el mismo precio que A. Tú estás seguro de que el gobierno no objetará la adquisición de B. ¿Procederías con la compra de A o te concentrarías en tu BATNA, la compra de B?

La técnica del árbol de decisión sigue los mismos pasos descriptos anteriormente. Comienzas con un esquema de una decisión que se parece a un árbol a su lado. En este caso, sin embargo, hay dos incertidumbres que se ramifican desde una decisión de adquirir A: (1) si el gobierno impugnará la adquisición y, en tal caso, (2) si el gobierno ganará.

Una vez dibujado el árbol, asignas probabilidades: 90% de chances de que el gobierno impugne y 60% de que gane. Deberías también tener en cuenta las consecuencias desde el punto de vista financiero, al final de cada ramificación del árbol de decisión.

Finalmente, calculas las medias ponderadas para obtener un valor estimado de $16,5 millones, si adquieres A. La lógica te aconsejaría proceder con la adquisición de A, pues este valor es superior a los $15 millones, valor de tu BATNA (la adquisición de B).

Realiza un análisis de negociación

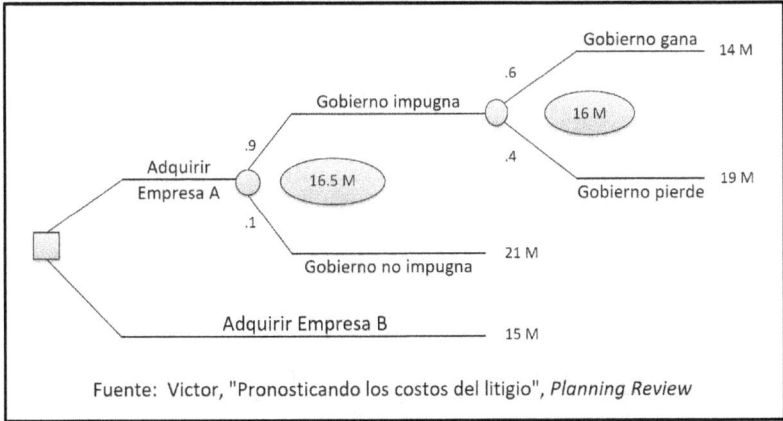

Gobierno gana — 14 M

.6

Gobierno impugna — 16 M

.9

Adquirir Empresa A — 16.5 M

.4

Gobierno pierde — 19 M

.1

Gobierno no impugna — 21 M

Adquirir Empresa B — 15 M

Fuente: Victor, "Pronosticando los costos del litigio", *Planning Review*

Puntos clave. Los "árboles de decisión" son herramientas útiles para calcular tu BATNA tanto en la resolución de disputas como en la negociación para hacer un acuerdo. Es también un instrumento valioso para la toma de otro tipo de decisiones, personales o comerciales.

4   Decide cómo responder a cuestiones éticas

Ninguna otra actividad humana pone en juego tanto tus estándares éticos como lo hace la negociación. La toma ética de decisiones es considerada, por ciertos profesores y autores de negociación, como un tema "blando" que carece de normas precisas. De hecho, existen lineamientos generales que deberías tener presente antes de comenzar una negociación.

En este capítulo nos concentraremos, primero, en las normas establecidas por la ley, aplicables cada vez que te enfrentas a dilemas éticos durante la negociación y, luego, examinaremos estándares éticos generales.

Utiliza estándares éticos fundados en la ley

Para definir la relación entre el Derecho y la Ética, observa los siguientes círculos superpuestos. El círculo de la izquierda representa los principios legales, mientras que el de la derecha se refiere a los principios éticos.

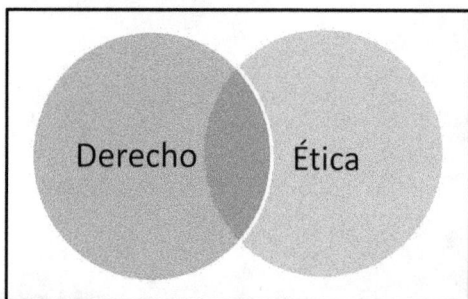

La parte del círculo "legal" que no se superpone con el círculo "ético" representa las normas legales que poco y nada tienen que ver con la ética. Por ejemplo, el Derecho, en algunos países, establece que debes conducir por la mano derecha de la carretera y, en otros, por la izquierda. Esta es una simple regla legal establecida meramente por la conveniencia, sin implicancia alguna en cuestiones éticas.

La parte del círculo "ético" que no se superpone con el círculo legal representa situaciones donde el Derecho no impone normas ante los dilemas éticos con los que te enfrentas. Si por casualidad ves que un niño pequeño está a punto de caerse a una piscina, la ley (por lo menos en los Estados Unidos de América) no te obliga a que lo rescates. Deberás confiar, pues, en tus estándares éticos al momento de decidir cómo actuar.

La intersección entre ambas figuras geométricas comprende las áreas donde las normas legales están estrechamente vinculadas a los principios éticos. "No matarás" es un principio ético-moral, así como también una norma jurídica. En relación a este tema, veamos tres estándares éticos basados en normas jurídicas, que son especialmente útiles cuando te toca resolver dilemas éticos durante la negociación: el fraude, los deberes fiduciarios y ciertas prácticas comerciales fraudulentas (por ejemplo las cláusulas leoninas en los contratos, como veremos más adelante).

Fraude. El fraude puede ser definido como la falsa aseveración (o afirmación) de un hecho esencial sobre el cual se basa la otra parte. En otras palabras, es un acto ilegal, reprobado por la ley, por el que una de las partes miente o falsea hechos que son tenidos en cuenta por la otra parte y sobre los cuales se apoya, durante la negociación.

La falsa aseveración debe referirse a un acto que vaya más allá de la simple exageración de la realidad, propia de la actividad publicitaria, por ejemplo. Para ilustrar la situación, veamos un artículo publicado en el *USA Today*, del 26 de febrero de 2014, donde se relata que un grupo de consumidores demandó al ciclista Lance Armstrong, invocando que había incurrido en fraude al asegurar que ciertos productos energéticos constituían su "arma secreta" para lograr su éxito. Consideraron que había mentido porque su principal arma secreta había sido el dopaje. Un juez de Los Ángeles desestimó el caso luego de concluir que los dichos de Armstrong habían constituido tan sólo una publicidad exagerada.

Algunas veces, determinadas afirmaciones, si bien técnicamente ciertas, pueden ser consideradas fraudulentas, en caso de requerirse una aclaración. Por ejemplo, una pareja en Washington estaba interesada en comprar un hotel. Durante la negociación, el dueño les dio información sobre los ingresos mensuales.

Luego de efectuada la compra-venta, descubrieron que el hotel era explotado como centro de prostitución y que el ingreso mensual invocado estaba basado, precisamente, en esta actividad. La corte en el caso *Ikeda contra Curtis* (261 P.2d 684) dictó sentencia posibilitándole a los compradores la reparación de los daños, indicando que:

> Una aseveración verdadera puede ser objeto de processamiento en un litigio si ha sido utilizada para crear una impresión sustancialmente errónea o falsa. En el caso, no ha habido tergiversación o falsedad en relación al importe del ingreso... (El dueño), sin embargo, engañó a los demandantes, generándole perjuicios en su contra, al no revelar la fuente de los ingresos.

En la negociación existen dos áreas donde, con suma frecuencia, las partes se ven tentadas de formular, deliberadamente, afirmaciones falsas. En primer lugar, supongamos que estoy negociando para comprar tu casa. Has ofrecido la misma por $300.000. Durante la negociación te pregunto si tomarías una oferta de $250.000, a lo que responde "no, absolutamente no", cuando en rigor de verdad aceptarías cualquier oferta por arriba de los $240.000. Como se ve, estás exagerando tu precio de reserva de $240.000. ¿Es fraudulenta tu deliberada falsedad respecto del precio de reserva? Quizás no. Este tipo de engaño es parte del juego de la negociación que la otra parte podría estar esperando. Para basarnos en la definición de fraude precedentemente anticipada, tu aseveración no debería ser considerada como un "hecho esencial sobre el cual se basa la otra parte." Como se señaló en el comentario a las reglas de conducta profesional para abogados:

> Según convenciones generalmente aceptadas en negociación, determinados tipos de afirmaciones no son consideradas como aseveraciones de hechos esenciales. Son ejemplos de ellas las estimaciones de precio de una transacción y la voluntad de una de las partes para arribar a un arreglo aceptable y así poner fin a un litigio...

Si bien la ley te permitiría negociar en tales circunstancias, deberías considerar el tema desde la perspectiva de las normas éticas, que luego trataremos en este capítulo, así como también tener presente que aún las mismas normas jurídicas tienen sus límites respecto del alcance de tu poder en el juego de la negociación.

Por ejemplo, en la negociación de la venta de la casa, ¿qué pasaría si vuelves a mentir, diciendo que otros compradores están dispuestos a pagar los $300.000 que tu estás pidiendo, cuando en realidad no hay otros oferentes? Es decir, estás mintiéndome sobre tu BATNA. En este escenario, según precedentes de jurisprudencia, tú serías responsable si yo estuviese dispuesto a proceder con la compra de tu casa, en virtud de esa aseveración falsa.

Deberes fiduciarios. El deber fiduciario es una obligación que implica un alto grado de confianza y lealtad debida por el agente (incluyendo en este concepto al empleado) hacia su principal. Supongamos, por ejemplo, que un desarrollador inmobiliario te contrata con el fin de obtener un préstamo de $10 millones de una entidad financiera. El desarrollador te promete una comisión de $50.000. Cumples exitosamente tu compromiso y, como consecuencia de haber cerrado el acuerdo de manera tan satisfactoria, la institución financiera te ofrece un honorario por la intermediación.

Si el desarrollador se negase a pagar, ¿tienes derecho a reclamarle la comisión de $50.000? No, sentenció una corte de Georgia en el caso *Spratlin contra Hawn* (156 S.E.2d 402). El agente había violado el deber fiduciario para con el desarrollador al aceptar una comisión de un tercero. "Un agente no puede comprometerse en su nombre, intentando responder a dos partes con intereses contrapuestos..." En este caso, el agente debería haber revelado, a ambos principales, su condición dual de agente.

Cláusulas leoninas. El término en inglés "unconscionability" se usa para designar aquellas prácticas comerciales fraudulentas que consisten en establecer cláusulas "leoninas" en los contratos. Este es uno los vocablos más complicados de dicho idioma. De hecho cuando lo tipees, recibirás un alerta por posible error tipográfico. Sin embargo, constituye un concepto fundamental en la negociación. Tiene lugar cuando se produce una ventaja desproporcionada entre las partes de una relación contractual. Básicamente, el ordenamiento jurídico exige que actúes de buena fe, en el caso de ser tú la parte más poderosa.

Los tribunales se focalizan en dos puntos a los fines de determinar si un contrato es o no de cláusulas "leoninas". En primer termino, se debe reparar en el proceso de negociación: ¿fue la parte más débil forzada a aceptar los términos contractuales, como consecuencia de dicho desequilibrio de poder? En segundo lugar, hay que considerar también el fondo del asunto: ¿son las cláusulas del contrato inadmisibles por violar principios básicos tales como la moral, la buena fe y las buenas costumbres?

Procedimental:
Falta de elección /
Desequilibrio de poder

Cláusulas leoninas

Substantivo:
Cláusulas inadmisibles

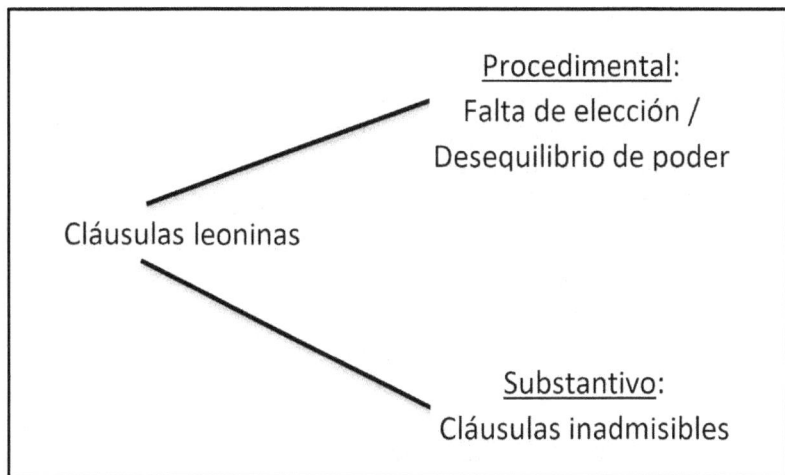

Mencionemos, como ejemplo práctico, el caso del restaurante Hooters, el cual había adoptado un programa de resolución alternativa de disputas. Como parte del programa, los empleados debían firmar un convenio, por el que se aceptaba someter a arbitraje eventuales disputas de índole laboral, incluyendo demandas relativas a acoso sexual en el trabajo. Una camarera de Hooters que había firmado el acuerdo, inició acciones legales en la corte federal demandando por acoso sexual.

Al alegar Hooters que ella debería haber recurrido al arbitraje y no a la corte, el tribunal resolvió que el convenio de arbitraje era inadmisible por ser fraudulento y leonino. La corte de apelaciones confirmó esta sentencia de primera instancia, advirtiendo que las reglas establecidas en dicho acuerdo fueron "tan unilaterales que el único propósito posible había sido socavar el principio de imparcialidad del proceso judicial".

Entre las razones que llevaron a esta decisión pueden mencionarse: los árbitros fueron seleccionados de una lista creada por Hooters. Hooters podría cancelar el convenio de arbitraje, no así los empleados. Y Hooters podría establecer modificaciones a las reglas de arbitraje en cualquier momento (*Hooters contra Phil-*

lips, 173 F.3d 933).

Aún no siendo tu negociación legalmente fraudulenta, existen otras razones esenciales que aconsejan actuar con cautela en caso de negociaciones caracterizadas por la decisión unilateral de la parte más fuerte. Una de estas razones es sintetizada por esta cita popular de J. Paul Getty: "Mi padre decía: nunca debes tratar de hacerte con todo el dinero del acuerdo. Deja que la otra parte también gane algo de dinero, pues si tienes una reputación de siempre llevarte todo para ti solo, no tendrás en el futuro muchos acuerdos".

Otra razón es que el equilibrio de poder puede cambiar. Un ejecutivo que asistió a uno de mis cursos trabajaba para una empresa que cerraba contratos de transporte marítimo valuados en más de $100 millones. Durante un tiempo de debilidad macroeconómica y ante un exceso en la capacidad de transporte, la compañía se mantuvo firme negociando índices muy bajos. Cuando los contratos se vencieron tres años después, fue el turno de los camioneros de jugar duro, ya que en ese momento la economía había crecido y se habían desarrollado fuertes BATNAs.

Utiliza estándares éticos generales, más allá de la ley

Cuando los lineamientos jurídicos no resuelven de por sí la situación, existen otras opciones para resolver dilemas éticos durante la negociación. Aquí van algunos ejemplos.

Estándares de la organización. Si tu dilema se refiere al trabajo, deberías analizar el código de conducta de tu empresa. Como observa Lynn Paine, profesora de la escuela de negocios de Harvard, los estándares de tu organización deben estar orientados a "compliance" (cumplimiento, conformidad), donde tu objetivo es evitar responsabilidades mediante el cumplimiento de la ley. O la empresa debería tener su foco en la integridad, donde el propósito es alentar una conducta responsable a través del establecimiento de estándares que van más allá de la ley ("Managing for Organizational Integrity", *Harvard Business Review*). O, finalmente una combinación de ambas estrategias.

Como ejemplo de foco en integridad puede mencionarse la experiencia de Johnson & Johnson en 1982. Siete personas murieron por envenenamiento con cianuro luego de ingerir Tylenol:

- Una niña de 12 años.

- Un trabajador de correos de 27 años, su hermano y su cuñada.

- Una madre de 27 años (recuperándose de un parto, tras el nacimiento de su hijo).

- Una asistente de vuelo de 35 años.

- Un empleado de oficina de 31 años.

Alguien agregó veneno al Tylenol manipulando los envases en el almacén. La policía nunca pudo identificar al responsable.

Tylenol era un producto muy importante de la empresa, que generaba el 15% de sus ganancias. Luego de cuatro días de intensas negociaciones y discusiones sobre cómo manejar la situación, entre otras 150 opciones, la empresa terminó decidiendo retirar el producto. Al momento de la toma de decisión final, la organización recurrió a su credo: "Creemos que nuestra responsabilidad primaria es hacia los doctores, enfermeras y pacientes, madres y padres y todos aquellos que utilizan nuestros productos y servicios".

En consideración a este credo, la decisión resultó mucho más simple: retirar el producto. Aproximadamente 31 millones de envases fueron retirados a nivel nacional, lo que implicó una pérdida de $100 millones. En el curso del siguiente mes, la empresa desarrolló un sistema de envasado con triple cierre y en dos años recuperó su participación en el mercado.

Alguien a quien admiras. Cuanto te encuentres en situaciones en las que tengas dudas o planteos de índole ético-moral, piensa en alguien a quien tú admiras y pregúntate qué haría esa persona para resolver ese dilema. Podría ser alguien sobre quien has leído, quizás una figura histórica, o alguien a quien observes en tu trabajo.

Un abogado de Qualcomm explicó por qué admiraba al CEO de la empresa, Irwin Jacobs. Durante la negociación, la otra parte accidentalmente le envió al abogado un fax que, por lo visto, suministraba información confidencial sobre la negociación. "Me dirigí a la oficina de Irwin con el fax", relata la historia, "pero aún antes de que pudiese comenzarlo a leer, él preguntó '¿se supone que esto era para nosotros?' Cuando le respondí que no lo era, me dijo 'Devuélvelo'. Me quedé sorprendido. Es una persona muy ética. Mucha gente hubiese leído ese documento" (*National Law Journal*, del 31 de enero de 2000).

Familia y pruebas del periódico. ¿Te sentirías cómodo contándole a tu familia sobre tu conducta durante una negociación? ¿Cómo te sentirías si leyeses sobre tus acciones en la primera página de un periódico local? A veces, estas dos pruebas pueden ser combinadas. Como el famoso inversor Warren Buffett dijo: "Una vez que mis empleados obedezcan todas las reglas, quiero que se pregunten a sí mismos si están dispuestos a que al día siguiente cualquiera de sus actos sea publicado en la primera página del periódico local, y pueda ser leído por sus esposas, hijos y amigos".

Regla de oro. La regla de oro es parte de todas las religiones fundamentales del mundo. Si bien pueden existir diferencias en sus respectivas formulaciones, la regla básicamente sugiere que debes tratar a los demás como quieres que te traten a ti.

Esta norma se encuentra estrechamente vinculada a las nociones de justicia y equidad. En mi curso de negociación, a veces organizo el denominado "juego del ultimátum" (Guth, et al., "An Experimental Analysis of Ultimatum Bargaining", en el *Journal of Economic Behavior and Organization*). Cada persona de un lado de la clase (los "Asignadores") reciben una suma imaginaria de $1.000, la cual debe ser compartida con alguien del otro lado de la clase (los "Destinatarios").

Los asignadores determinan cómo se distribuye el dinero. Por ejemplo, un asignador puede tomar $999 y darle al destinatario sólo $1. Los destinatarios pueden aceptar o rechazar la decisión del asignador. Si la aceptan, el dinero es distribuido de acuerdo a la decisión del asignador. Si la rechazan, ninguna de las partes recibe nada. Es un decisión "tómalo o déjalo", no es en rigor una negociación.

En una clase típica, muchos de los "asignadores" optan por una división al 50%, la cual generalmente es aceptada por los "destinatarios". Pero los asignadores ambiciosos pretenden darle $100 a los destinatarios, manteniendo $900 para ellos mismos. En estos casos, los destinatarios generalmente rechazan la distribución, por lo que ambas partes acaban con nada.

Al preguntarles a los destinatarios acerca de su BATNA, advierten que es cero. Entonces, si son individuos racionales desde el punto de vista económico, aceptarían un centavo como participación, pero, sin embargo, muchos de ellos insisten aún en más de $100.

Cuando les pido a los destinatarios que expliquen por qué deciden rechazar sumas bastante superiores a su BATNA, las respuestas se focalizan en la justicia. No creen que sea justo que los asignadores les confieran a ellos un pequeño porcentaje del total, por lo que están dispuestos a renunciar a cientos de dólares con tal de castigarlos.

De este ejercicio práctico surgen dos conclusiones. En primer termino, como a la otra parte le interesa un justo tratamiento durante el proceso, crear una reputación de ser equitativo en el mercado reduciría los costos en futuras negociaciones.

Por ejemplo, en los procesos de adquisiciones de empresas, generalmente las partes involucradas invierten millones de dólares en "due diligence". Pero cuando Warren Buffet decidió comprar una compañía a Wal-Mart por $23 millones, bastó una reunión de dos horas que concluyó en un apretón de manos. ¿Por qué? Porque Wal-Mart tenía una reputación muy sólida. En palabras de Buffet: "No hicimos 'due diligence'. Sabíamos que todo iba a ser exactamente igual a como Wal-Mart dijo que sería, y así sucedió" (Covey, en *El Factor confianza*).

En cuanto a la otra lección que nos deja el ejercicio práctico anteriormente explicado, debes asegurarte que entiendes el rol de la justicia en tu propio proceso de toma de decisiones. ¿Estás dispuesto a hacer un importante sacrificio financiero para castigar a alguien que te ha tratado injustamente? Cuando alguien te engaña, ¿estás seguro de invertir el tiempo y el dinero necesarios para accionar judicialmente contra él? No existe inconveniente alguno en que se tomen decisiones en las que tus nociones de justicia y equidad superen las consideraciones de índole financiera, siempre que sepas qué es lo que impulsa tu proceder y sus consecuencias.

Comportamiento no ético de la otra parte

Hasta ahora en este capítulo nos hemos referido a los lineamientos generales que puedes observar en caso de enfrentarte a dilemas éticos. Pero ¿qué pasa si crees que la otra parte no está actuando de manera ética? ¿Puedes determinar cuándo la otra parte está mintiendo durante una negociación? Hay buenas y malas noticias.

La mala noticia es que resulta muy difícil afirmar que alguien está mintiendo. Investigadores han concluido que son meros mitos los estereotipos de mentirosos que apartan su mirada o se arreglan la garganta (¡y no hay prueba de que las narices de quienes mienten sean más largas!). En un estudio, sólo fue posible detectar 31 mentirosos entre un total de 13.000 personas testeadas ("Deception Detection", en *Science News*, del 27 de julio de 2004).

La buena noticia es que los negociadores, probablemente, están más dispuestos a engañar a la otra parte por omisión (no diciéndole nada), que emitiendo una aseveración falsa. Las investigaciones han identificado una inclinación hacia la omisión, la tendencia del hombre a pensar que la acción inmoral es peor que la inacción moral. La moraleja aquí es que cuando la cuestionas rigurosamente, la otra parte podría no estar dispuesta a decir una mentira directa, lo cual te permite a ti descubrir sus omisiones engañosas.

Puntos clave. Al enfrentarte a dilemas éticos durante una negociación, utiliza como guía ciertos estándares basados en la trilogía: fraude, deber fiduciario y prácticas fraudulentas. Antes de comenzar a negociar, elige al menos uno de los estándares éticos generales, para luego aplicarlo en caso de que, durante la negociación, surja alguna inquietud o preocupación que vaya más allá de lo legal.

II USA ESTRATEGIAS Y TÁCTICAS CLAVE DURANTE LAS NEGOCIACIONES

5 Desarrolla tus relaciones y tu poder

U na vez que hayas terminado tu preparación (determinando el tipo de negociación, haciendo un análisis de la misma y decidiendo cómo responder a cuestiones éticas), estarás listo para entrar en la negociación. Al inicio de la misma, deberías focalizarte en dos puntos preliminares, los cuales son abordados en este capítulo: conocer a la otra parte a nivel personal y desarrollar tu poder.

CONOCER A LA OTRA PARTE A NIVEL PERSONAL COMO FORMA DE CONSTRUIR RELACIONES

Como he descubierto de primera fuente, durante una negociación internacional, el viejo tema "Getting to Know You" ("Conociéndote" en español) de la obra de teatro *The King and I* debería ser la "cortina musical" para los negociadores. Como decano adjunto en la escuela de negocios Ross de la Universidad de Michigan, quise establecer un centro para nuestros programas de educación ejecutiva en Europa, luego del éxito de un centro similar, en Hong Kong.

Me enteré, entonces, de que se estaba construyendo una nueva universidad francesa en París. Bajo la expectativa de que dicha universidad nos alquilase sus instalaciones para desarrollar nuestros programas, concerté una negociación de media jornada con el presidente de la flamante alta casa de estudios y el decano de su

51

escuela de negocios. Me di cuenta de que esta sería una negociación complicada, ya que los inmuebles en París son muy costosos.

Volé a París con dos miembros de la universidad para la reunión programada. La noche anterior a la negociación, el presidente y decano nos invitó a cenar a un restaurante pintoresco en la orilla izquierda del Sena. Durante el transcurso de una larga y relajada cena, descubrimos que el presidente había hecho su tesis doctoral en la academia William Blake. Resulta ser que uno de los miembros de la Universidad de Michigan era fanático de William Blake, así que ambos (él y el presidente de la universidad francesa) se pasaron la noche hablando entusiasmadamente de las maravillas de su poesía.

Afortunadamente, las negociaciones a la mañana siguiente llevaron solo treinta minutos (en lugar de media jornada) y la universidad nos ofreció un contrato de alquiler inmueble con condiciones mucho mejores que las que habíamos anticipado. Le debo esto a William Blake y a la buena relación que mantuvimos la noche anterior a la negociación. En resumen, creyeron en nosotros.

En algunas culturas se hace un hincapié en "Getting to Know You" ("Conociéndote"), mayor que en otras. Por ejemplo, en China desarrollar una relación con alguien de confianza es considerado más importante que negociar un contrato extenso. De acuerdo al conocido empresario Sir Paul Judge, una de las causas de este fenómeno es que "Los tribunales en China son muy lentos en lo que respecta a procesos judiciales, por lo que resulta más importante conocer a la otra persona, que en el mundo occidental" ("Blending Confucius with Aristotle", *China Daily*, del 13 de junio de 2014).

En algunas culturas occidentales, como EEUU, los negociadores suelen preferir comenzar las negociaciones de manera inmediata y no tomarse tiempo para conocer a la otra parte. Por supuesto, esta característica no se limita solo a los negociadores norteamericanos (recuerda también que, como explicamos en el capítulo 2, existen muchas diferencias dentro de una misma cultura).

Sirve, a modo de ejemplo, la historia sobre negociaciones de libre comercio que contó una abogada de Singapur, en mi curso ejecutivo. Se encontraba en un equipo de singapurenses elegidos para negociar un acuerdo de libre comercio en India. Los singapurenses intentaron proceder directamente a lo programado y no dedicar tiempo a conocer a la contraparte, proveniente de India. Como resultado, las negociaciones fracasaron. Sin embargo, luego de recibir un entrenamiento de negociaciones interculturales de la mano del ex embajador de Singapur en India, volvieron a este último país y llegaron a un acuerdo exitoso.

Conocer a la otra parte durante un almuerzo o cena puede tener beneficios adicionales. Las investigaciones de Lakshmi Balachandra, de la escuela de negocios de Babson, indican que los negociadores que comen juntos llegan a mejores resultados. Al observar que "en Rusia y Japón, los acuerdos empresariales importantes son gestionados casi exclusivamente mientras se come y se bebe y que en EEUU muchos negociadores comienzan con un 'Comamos juntos' ", Lakshmi llevó a cabo dos experimentos para determinar si comer mientras se negocia produce mejores resultados. Su conclusión: los negociadores que combinaron comer y negociar "generaron beneficios significativamente superiores a los que no lo hicieron" (ver http://blogs.hbr.org/2013/01/should-you-eat-while-you-negot/).

Conocer a la otra parte en una era digital como la actual conlleva ciertos desafíos. Por mencionar uno, algunos expertos afirman que en el mundo on-line las conversaciones se están convirtiendo en un arte perdido. Si bien las siguientes citas acerca del desarrollo de una inteligencia conversacional, tomadas de un artículo del *Wall Street Journal*, no tienen sustento en una investigación profunda, sí proveen útiles consejos para cuando intentes establecer una conversación previa a la negociación con la otra parte.

- Ten la precaución de no hablar demasiado. Esto implica que debes evitar tu tema preferido...

- Haz un montón de preguntas. A la gente le encanta hablar de ellos mismos y a menudo pensarán que eres un gran conversador si hablas acerca de ellos...

- Escuchar es crucial. Dan Nainan, un comediante de Manhattan, ha aprendido a sintetizar lo que la otra persona dice ("Entonces opinas que..." o "Entonces, lo que estás diciendo es que..."). "Una conversación puede continuarse indefinidamente si haces esto", dice.

(Cómo ser un mejor conversador", en el *Wall Street Journal* del 12 de agosto de 2013).

Otro desafío es el hecho de que cada vez más las negociaciones se están llevando a cabo de manera on-line. En consecuencia, conectar con la otra parte se vuelve más difícil. Esto es desventajoso, pues la investigación sobre imágenes mentales, llevada a cabo por el Dr. Srini Pillay, de la escuela médica de Harvard, muestra que la actividad de nuestra neurona espejo durante "el diálogo cara a cara... genera una sincronía cerebral que resulta en 'sentir una conexión' " (*Entrepreneur*, de agosto de 2014). Además, estudios de Harvard y de la Universidad de Chicago han concluido que los apretones de manos al inicio de las negociaciones promueven la cooperación entre los negociadores y reduce la mentira (*Handshaking Promotes Cooperative Dealmaking*, Schroeder).

En caso de no ser posible una interacción cara a cara, existe una estrategia alternativa. Los negociadores que conversaron al teléfono con la contraparte, durante cinco minutos, antes de llevar a cabo negociaciones vía e-mail "tuvieron cuatro veces más chances de llegar a un acuerdo" que los negociadores que no confraternizaron en esta pequeña charla, según estudios hechos por Janice Nadler, de la Northwestern Law School (*Negotiation*, marzo de 2007).

Puntos clave. Antes de zambullirte en una negociación, preocúpate por conocer a la otra parte a nivel personal. Esta estrategia es importante aún cuando las negociaciones son on-line.

DESARROLLA TU PODER

Existen dos fuentes de poder en las negociaciones. Por un lado, está la información en general, la cual representa una importante fuente de poder. Por otro, encontramos la información específica sobre tu BATNA y el de la otra parte, que puede ser utilizada para incrementar tu poder y debilitar el poder de tu contraparte.

Obtén información de la otra parte

Me he dado cuenta de que muchos empresarios y estudiantes comienzan mi curso pensando que el objetivo, en las negociaciones, es persuadir a la otra parte para que les de lo que ellos quieren. Pronto descubren, sin embargo, que la clave para el éxito en una negociación consiste más en hacer preguntas para obtener información, que en persuadir a la contraparte.

En palabras del conocido profesor Wharton, Richard Shell, en su libro *Bargaining for Advantage*, "Los estudios sobre efectividad en las negociaciones suelen subvalorar un simple hecho sobre los negociadores expertos: se focalizan más en recibir información que en *proporcionarla*, en comparación con los negociadores promedio". Joel Kahn, mi recordado colega y profesor compañero en la Universidad de Michigan, se lo explicaba fácilmente a sus alumnos cuando decía que hay una razón por la cual Dios nos dio dos orejas y una boca.

Para "recibir" información, los negociadores no solo deben hacer preguntas; también deben escuchar atentamente a sus respuestas. La capacidad de escuchar diferencia a los negociadores experimentados del resto y es, asimismo, una importante habilidad de liderazgo. He trabajado durante muchos años con una gran consultora internacional. Un día durante el almuerzo, le hice la siguiente pregunta a uno de los líderes de la firma: "Tú has trabajado con líderes empresariales alrededor mundo. ¿Por qué algunos individuos muy talentosos terminan en posiciones medias de gestión, mientras otros llegan a puestos de liderazgo?"

Sin dudarlo un segundo, me respondió que aquellos que alcanzan puestos de liderazgo cuentan con dos rasgos importantes. Uno es que poseen un fuerte conocimiento conceptual sobre su negocio. El otro, es que tienen habilidad para "oír". Con ello, el empresario se refirió a la capacidad de escuchar. Existen indicios de que a medida que las organizaciones se vuelven más planas y delgadas la capacidad de escuchar se torna aún más importante. Como lo expuso el legendario y experto en management Peter Drucker: "El líder del pasado sabía como decir, el líder del futuro sabrá cómo preguntar" (Goldsmith, *Five Global Leadership Factors*).

Desafortunadamente, los resultados de estudios encefálicos indican que, para la mitad de la población mundial, desarrollar la habilidad para escuchar tan importante en negociaciones y liderazgo supone un reto, siendo esta dificultad innata en el ser humano. En particular, los hombres solo son capaces de escuchar con la mitad de su cerebro. ¡Las mujeres, probablemente, hayan descubierto esto mucho antes que los estudios encefálicos! ("Study Confirms What Women Know: Men Listen Less", en *Los Angeles Times* del 29 de noviembre de 2000).

Estrategias de poder BATNA

Al formular preguntas a la otra parte durante las negociaciones, una pieza de información es especialmente valiosa: su BATNA. La capacidad para desvincularse de una negociación debido a que existe una mejor alternativa te provee, a ti y a tu contraparte, de una fuente de poder. Esto nos trae tres estrategias BATNA.

```
                              ¿Qué tan poderosos son ellos?
                              (Encuentra su BATNA.)

BATNA
                              Debilita su poder (su BATNA).
= Poder

                              Incrementa tu poder (tu BATNA).
```

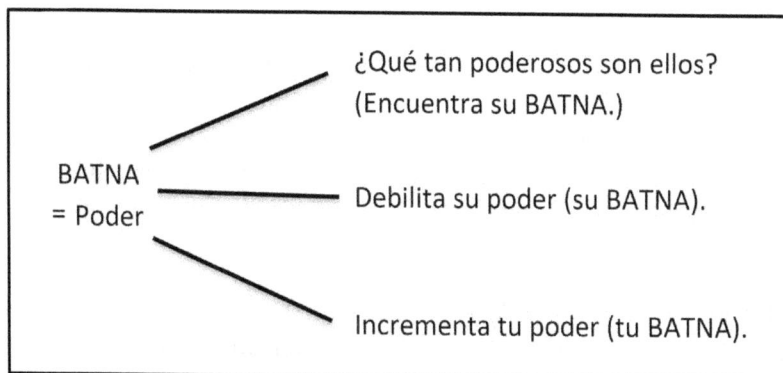

Primero, pregúntale a la otra parte sobre sus alternativas, intentando descubrir su BATNA y determinar qué tan poderosa es. De todos modos, recuerda que ellos también pueden preguntarte a ti sobre la misma cuestión. ¿Revelarás tu BATNA o intentarás esconderlo? La respuesta suele depender de la fuerza de tu mejor alternativa. Si esta es sólida, probablemente preferirás revelar tu BATNA; pero si es débil, intentarás ocultarla.

Yo vivo cerca de Detroit, Michigan, que es un centro industrial automovilístico. Si trabajo para una gran industria y tú eres uno de mis proveedores con los cuales estoy negociando, probablemente te revele mi BATNA antes de darte los "buenos días". Te diré, por ejemplo, que si no aceptas mis términos llamaré a alguno de los otros proveedores que están haciendo fila afuera de la sala de reuniones.

La segunda estrategia BATNA es intentar debilitar el poder de la contraparte cambiando la percepción de su BATNA. Cuando yo comience a hablar sobre cambiar de proveedor, tú deberías enfatizar en la calidad de tus productos, tu capacidad de entrega en tiempo record, tu historial de disposición a trabajar con mis clientes, nuestros esfuerzos por desarrollar un nuevo producto en conjunto, y demás. Después de esta discusión, cambiar de proveedor puede no ser tan atractivo como pensaba.

La tercera estrategia BATNA consiste en incrementar tu poder, fortaleciendo tu BATNA. ¿Dependes demasiado de las relaciones con mi compañía de automóviles? ¿Puedes desarrollar nuevas líneas de negocios más allá de la industria automovilística? En palabras de un ejecutivo experimentado, "nunca deberías hacer un trato sin hablar con alguien más. Nunca" ("AOL's Rough Riders", en *The Standard*, del 30 de octubre de 2000).

Regateo de coalición. Cuando muchas partes se ven involucradas en una negociación, la estrategia de poder quizás se vuelva más compleja. Por ejemplo, un amigo mío, llamémoslo Joe, se encontraba en negociaciones con otros dos individuos, llamémoslos Cynthia y Sadie, para formar un negocio que administrase un club de tenis. Asumamos que Cynthia era una jugadora de tenis retirada, reconocida a nivel nacional. Asumamos, también, que Sadie era muy conocida en la comunidad de tenis en la que se instalaría el club y que Joe era un profesor de tenis local, no tan conocido.

Los tres emprendedores planearon aportar una cantidad equivalente de capital y ninguno de ellos trabajaría para el centro de tenis. Previeron que la fama nacional de Cynthia generaría la mitad de los ingresos, mientras que el 30% de los ingresos se debería a la fama local de Sadie y el restante 20%, a los contactos de Joe. Supongamos que necesitaban al menos dos de los tres socios para crear el negocio.

En negociaciones como esta, los cálculos BATNA son difíciles de hacer, sino imposibles, pues existen demasiadas combinaciones posibles. Por ejemplo, Cynthia y Sadie podrían formar una sociedad que podría generar un 80% del total de ingresos, pero Cynthia podría ser codiciosa y demandar la mayor parte de esa suma. A Sadie quizás le convendría asociarse con Joe y obtener una gran porción del 50% de los ingresos, pero Cynthia entonces ofrecería a Joe un mejor acuerdo y así, con muchas más combinaciones.

Dada la inestabilidad derivada de las distintas y numerosas combinaciones posibles, calcular un BATNA sería poco realista. Por lo tanto, el poder debe desarrollarse desde una perspectiva de confianza entre las partes o bien de confianza en los principios. Como la parte más débil, Joe debería, por ejemplo, remarcar la importancia de la justicia y la equidad entre los socios, lo cuál se traduciría en una distribución equitativa del ingreso.

Puntos clave. La información es una fuente de poder importante durante una negociación, sobretodo aquella acerca del BATNA de la contraparte. Tu estrategia BATNA consistirá, entonces, en descubrir y debilitar el BATNA de la otra parte, mientras mejoras tu propio BATNA.

6 Entiende el rol de los agentes en la negociación

A menudo en las negociaciones, especialmente en las comerciales, la otra parte es representada por un agente. Al ser tan común, en el mundo actual, el uso de agentes, deberías tener una somera idea de las relaciones derivadas del contrato de agencia. Básicamente, la agencia constituye un triángulo constituido por un principal, un agente y un tercero. Así, los empleados son agentes que negocian con terceros en nombre y representación del principal.

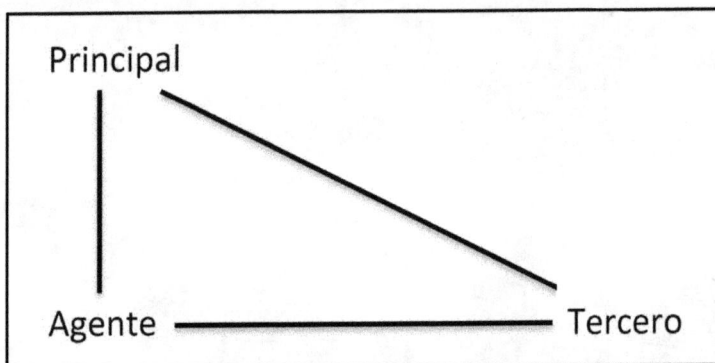

En este capítulo nos ocuparemos, en primer término, de la negociación desde la mirada de un tercero (tú), quien negocia con un agente que actúa en representación de un principal. Pero antes de avanzar hacia este tema central, previamente nos formularemos la siguiente pregunta: actuando como principal, ¿qué factores deberías utilizar para decidir si recurrirás o no a un agente, en la negociación?

Usa cinco factores para decidir si utilizar o no un agente

Dos ex alumnos míos llegaron a ser agentes deportivos. Uno de ellos representó al graduado de la Universidad de Michigan Chris Webber, al firmar un contrato con el equipo de la "National Basketball Association" (NBA). El otro, uno de los agentes más exitosos en este deporte, representa a Kobe Bryant y otros 17 jugadores de la NBA.

Supongamos que eres una estrella de baloncesto de tu universidad, a punto de iniciar tu carrera profesional. ¿Deberías negociar a través de un agente, como estos ex alumnos? Hay cinco factores clave a tener en cuenta, los mismos factores que son relevantes para decidir si negocias un acuerdo comercial o un convenio para poner fin a un juicio, a través de un agente.

¿Quien es mejor negociador, tú o el agente? Para responder esta pregunta, deberías hacer un análisis de costo-beneficio, comparando las ventajas de recurrir a un negociador con mejores habilidades que tú, con la compensación que recibiría el agente.

¿Tiene, el agente, la experiencia necesaria para resolver los problemas que surgirán en tu negociación? Si estás negociando un contrato con la NBA, probablemente no querrás a un agente inmobiliario que te represente.

¿Se refiere, la negociación, a un tema técnico que requiera de alguna especialización en particular? Si estás negociando con una empresa interesada en contratar la licencia de uso de tu tecnología, posiblemente contratarás a alguien con especialización en propiedad intelectual. Si la negociación se refiere a temas legales complejos, deberías negociar a través de un abogado.

¿Con cuánto tiempo cuentas para la negociación y cuáles son los costos de oportunidad? Si eres el dueño del negocio o lo gestionas, sería mejor invertir tu tiempo en el desarrollo de productos y servicios para tus clientes.

¿Qué tipo de relación tienes con la otra parte? Si estás negociando la resolución de una disputa, tiene sentido que contrates agentes que no se hayan involucrado personalmente con la otra parte y puedan distanciarse a sí mismos del conflicto.

Deja establecida claramente la autoridad al negociar con agentes

Cuando eres un tercero negociando con un agente, existe un tema esencial que deberías dejar aclarado desde el inicio de la negociación: ¿el agente tiene la autoridad para concluir el acuerdo en representación del principal? Si la respuesta es negativa, entonces la negociación será una pérdida de tiempo. Esta pregunta puede resultar complicada por el hecho de que existen tres tipos de autoridad que el agente puede detentar: autoridad expresa, autoridad implícita o autoridad aparente.

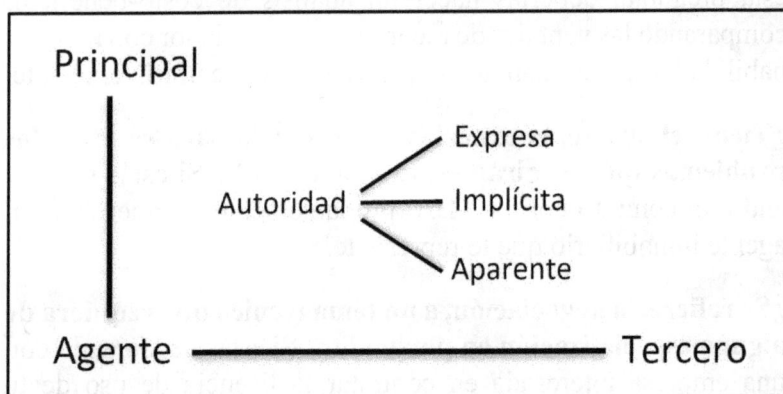

Autoridad expresa. La autoridad expresa es fácil de analizar. ¿Autorizó expresamente el principal al agente para negociar el contrato? En tal caso, el agente tiene autoridad. Por ejemplo, las empresas comúnmente le confieren a determinados empleados o agentes la autoridad para operar cuentas corrientes bancarias corporativas. Si un agente (digamos, el contador de una empresa)

malversa fondos de la compañía, emitiendo cheques a su nombre, será la empresa (y no el banco) quien cargue con esta pérdida, pues se le había otorgado a este agente una autoridad expresa.

Autoridad implícita. Nuestro segundo tipo de autoridad, la implícita, es un poco más complicada. Aún cuando no ha sido expresamente establecida por el principal, los agentes cuentan con cierta autoridad implícita o tácita para realizar determinados actos ordinarios o comunes, propios de su función. Por ejemplo, un gerente que ha sido contratado para gestionar un negocio determinado goza, en principio, de autoridad implícita para la compra de equipos, la contratación y despido de empleados, el pago de deudas de la empresa, etc.

Autoridad aparente. Finalmente, la autoridad aparente es aún más complicada. Tiene lugar en situaciones donde, a pesar de que el agente no cuenta con una autoridad real, las acciones y conducta del principal confunden al tercero, haciéndole creer que la autoridad efectivamente existe.

Supongamos que eres el dueño de un negocio que ha contratado durante varios años a un grupo de proveedores. Vendes el negocio, su nombre comercial y tu lista de proveedores a un comprador determinado. El comprador efectúa inmediatamente pedidos de compra a uno de los proveedores del listado, pero no efectúa el pago. ¿Eres tú el responsable de tal incumplimiento del comprador? No has dado autoridad expresa al comprador y no hay prueba que acredite la autoridad implícita, porque no has contratado al comprador. Sin embargo, existe autoridad aparente en base a tus antecedentes y a los acuerdos anteriores con los proveedores. Deberías haber notificado a los mismos que habías vendido el negocio.

La autoridad aparente puede complicar tu estrategia de negociación. Asume que has contratado a un agente para comprar un equipo de un fabricante. Le otorgas a dicho agente una carta de representación, confiriéndole facultades para actuar, la cual es presentada al fabricante. En forma privada, le indicas a tu agente un precio de reserva pidiéndole, por ejemplo, que no pague más de $90.000 por el equipo. Si el agente luego compra el equipo por $100.000 ¿eres finalmente responsable? Sí, porque el agente poseía autoridad aparente resultante de la carta de representación. Esta autoridad existe aún cuando el agente no haya tenido autoridad real y concreta para efectuar dicha compra por más $90.000.

Determina si la autoridad existe. Dada la importancia que reviste el hecho de saber si tu contraparte en una negociación tiene o no las facultades suficientes para ello ¿cómo determinas si tal autoridad efectivamente existe? Para ilustrar la respuesta a esta pregunta fundamental, supongamos que trabajas como oficial de préstamos en una institución bancaria. Brett está negociando contigo un préstamo personal que ha solicitado por $25.000.

De acuerdo a las políticas del banco, Brett está obligado a facilitar garantías para el supuesto de que el préstamo no sea saldado. Brett trabaja en una importante empresa, cuyo gerente general está dispuesto a firmar una fianza en nombre de la empresa para garantizar el cumplimiento del pago de Brett. La fianza establece que "esta garantía es firmada por un oficial con facultades suficientes para obligar legalmente a la compañía, en virtud de una autorización conferida por la junta de directores".

Empresa

|

Gerente General

                Garantía

Prestatario ———————————— Banco

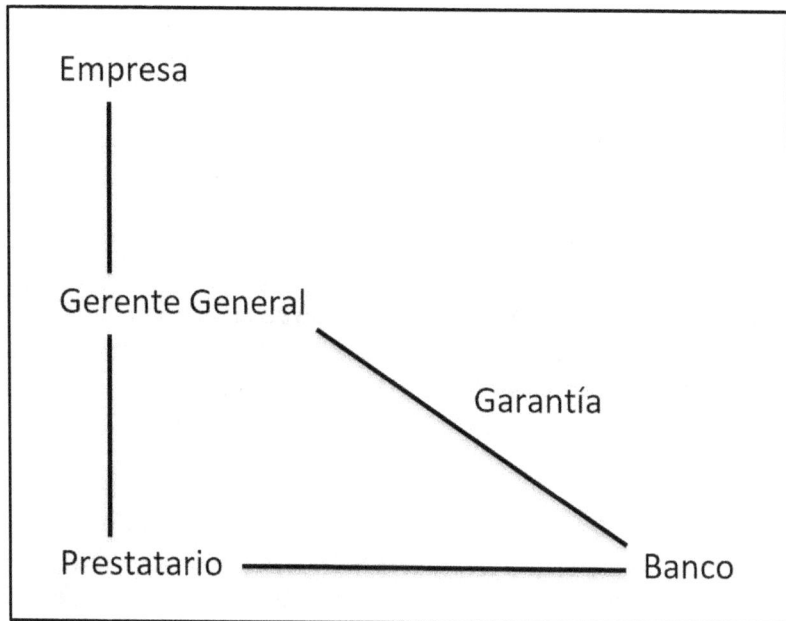

Asumiendo que conoces la empresa de Brett y su solvencia económico-financiera, ¿concederías el préstamo? En un caso de Michigan, *In re Union City Milk Co.* (46 N.W.2d 361), un banco que había otorgado un préstamo aprendió la lección a raíz de una amarga experiencia. Cuando el prestatario no canceló el préstamo, el banco accionó legalmente contra la empresa en virtud de dicha garantía.

La corte decidió que la compañía no era responsable, ya que no había emitido ninguna autorización expresa facultando al gerente a dar garantías en préstamos personales solicitados por los empleados. Tampoco había autoridad implícita, porque la capacidad para garantizar préstamos personales no se encuentra dentro de las responsabilidades ordinarias de un gerente. El banco fue quien cargó con la pérdida.

¿En qué punto se equivocó el oficial de préstamos, hoy quizás, desempleado? Hizo un buen trabajo al conseguir una garantía por escrito, donde expresamente se establecía que el gerente estaba suficientemente facultado para emitir la fianza. El problema es que la persona equivocada, es decir, el agente, declaró que tenía tal autoridad. El mensaje crucial aquí es: cuando estés negociando un acuerdo, nunca la preguntes al agente si él tiene autoridad. Por el contrario, efectúa tal consulta directamente al principal (en este caso, la junta de directores de la empresa).

Agentes secretos. Es probable que, de vez en cuando, negocies con un agente sin saberlo. Las empresas utilizan agentes secretos por varios motivos y, aunque puedan existir excepciones en virtud de la legislación local, sin duda te verás obligado, por los contratos, a negociar con ellos.

Por ejemplo, Walt Disney construyó Disneylandia en Los Ángeles, en un predio relativamente pequeño que luego se vio limitado geográficamente por muchos negocios y empresas a su alrededor, dejando a Disney sin posibilidad de expansión. Cuando luego se planificó Disney World en Florida, la empresa decidió adquirir una propiedad inmueble mucho más extensa. Pero se dieron cuenta de que si los propietarios de dichas tierras descubrían que era Disney quien les compraría la propiedad, los precios treparían al cielo.

Para mantener bajos los precios, Walt Disney contrató agentes secretos a fin de adquirir la propiedad. Acumuló más de 110.000 metros cuadrados, "aproximadamente el doble del tamaño de Manhattan, la misma dimensión que San Francisco... Apenas se dijo una sola palabra de que se trataba de Disney, los precios saltaron de $0,05 a $0,25 el metro cuadrado, de la noche a la mañana. Pero, para entonces, Walt ya había comprado toda su tierra..." (http://www.mouseplanet.com/).

Para complicar el tema, la persona con la que estás negociando puede, ocasionalmente, desempeñar el doble rol de agente y principal. Un amigo mío, que es un gran negociador y ha sido muy exitoso en sus negocios, me contó una historia sobre la negociación de la compra de una empresa. Se encontró con el propietario de la compañía a adquirir, en su bella casa en la Selva Negra, en Alemania. Mi amigo había hecho una exhaustiva investigación preliminar sobre la empresa, antes del inicio de las negociaciones. Ambos revisaron los términos del acuerdo mientras saboreaban unos exquisitos pasteles servidos por el ama de llaves de la casa.

Finalmente, mi amigo le preguntó al propietario si estaba de acuerdo con las cláusulas contractuales. Y entonces advirtió que el propietario miraba de reojo al ama de llaves quien, desde el fondo de la sala, respondía negando con la cabeza. Repentinamente, mi amigo se dio cuenta de que al momento de prepararse para la negociación, se le había pasado desapercibida la autoridad con la que, efectivamente, contaba el ama de llaves.

Luego tomó conocimiento de que el ama de llaves era la pareja del propietario desde hacía muchos años ¡y que ella recibiría un gran porcentaje del precio de venta! Por lo tanto, el propietario estaba negociando en nombre de ambos, en el suyo y en el de ella también. La buena noticia es que finalmente mi amigo compró la empresa y que, además, ¡aprendió una muy útil lección acerca de la búsqueda de principales escondidos!

Puntos clave. Formúlate cinco preguntas fundamentales sobre la determinación de si usar o no un agente. Al comienzo de las negociaciones, descubre si el agente tiene autoridad para cerrar el acuerdo, preguntándole, no a éste, sino a su principal.

7   Usa herramientas psicológicas y evita trampas

Este capítulo estudia las herramientas psicológicas que puedes usar durante una negociación, las cuales son también trampas que querrás evitar cuando la otra parte recurra a ellas. Estas herramientas son especialmente importantes, pues son de utilidad más allá de la negociación, en la toma de decisiones financieras y de liderazgo. El presente capítulo sirve, entonces, como una lista de chequeo para tener a mano, a la hora de tomar todo tipo de decisiones.

El capítulo cita numerosos libros, los cuales son altamente recomendados en caso de que quieras abordar este tema con mayor profundidad. El mejor de ellos, el que más recomiendo, es *Judgment in Managerial Decision Making*, de Bazerman y Moore. Otros libros citados en este capítulo son:

- *Decision Traps*, de Russo y Schoemaker.

- *Influence: The Psychology of Persuasion*, de Cialdini.

- *Negotiating Rationally*, de Bazerman y Neale.

Como señalan Bazerman y Moore, existen dos clases de estudio de toma de decisiones. Uno de ellos es el normativo y se focaliza en cómo deberíamos tomar decisiones. Un ejemplo de ello es el análisis del árbol de decisiones que fue estudiado en el capítulo 3. Con este enfoque, puedes esclarecer tu proceso de toma de decisiones, dibujándolo en forma de árbol, asignando probabilidades y calculando el valor esperado.

El otro tipo de estudio de toma de decisiones es el descriptivo y hace hincapié en cómo toma decisiones, realmente, el ser humano. Como exponen Bazerman y Moore, a la hora de tomar decisiones, el hombre se basa en simples reglas básicas a la que denominamos heurística. El siguiente es un ejemplo, similar al contado en el libro: supongamos que tu compañía necesita un analista financiero. Has decidido reclutar solamente a los 10 mejores programas de MBA. Esa es tu heurística.

¿Cómo se puede cuestionar esta heurística? Sin ella, puede ocurrir que el mejor candidato para el puesto de trabajo no esté en una de las 10 mejores escuelas. Debido a una gran variedad de cuestiones financieras y personales, muchos individuos talentosos no asisten a escuelas líderes. Además, probablemente puedas contratar a esta persona a un salario inferior al requerido por un estudiante de una escuela destacada. ¿Cómo se puede defender a esta heurística? A largo plazo, probablemente encuentres mejores candidatos en las escuelas superiores. Además, al limitar el número de escuelas, reduces tus costos por viaje y otras cuestiones.

El análisis costo-beneficio usado al implementar una heurística como esta puede servirte de ayuda para manejarte en un mundo complejo e incierto como el nuestro. La buena noticia, como señalan Bazerman y Moore, es que las heurísticas son útiles. De todos modos, entenderlas es importante para todo negociador y/o tomador de decisiones.

Expondremos, ahora, nueve herramientas o pautas que puedes usar en futuras negociaciones. Las mismas se basan en una preparación para la toma de decisiones descriptiva y algunas de ellas hacen foco en nuestro sesgo al usar heurísticas.

1. No asumas una torta inalterable

Vivimos en un mundo competitivo, caracterizado por eventos deportivos. Unos ganan el torneo Masters de golf, otros pierden. Unos ganan el torneo Wimbledon de tenis, otros pierden. Un equipo gana la Copa Mundial, otros pierden.

Solemos llevar este sentido de competencia a las negociaciones, asumiendo que son disputas por porciones de una torta inalterable, en las cuales una parte gana y la otra pierde. Como puntualizan Bazerman y Moore, el supuesto de la torta inalterable es un sesgo fundamental que distorsiona el comportamiento de los negociadores: "Al negociar un tema en particular, asumen que sus intereses están necesaria y directamente en conflicto con los de la otra parte".

Tras reconocer este sesgo, tu desafío es preguntarle a la otra parte si sus intereses están realmente en conflicto con los tuyos. Al llevar a cabo un análisis de intereses, enlistando los de cada parte, quizás algunos de ellos no están en conflicto. Por ejemplo, el capítulo 2 expuso una negociación simple acerca de una pizza gourmet con anchoas. Cada parte quería la pizza. Esa era su posición. La pizza representaba la mítica (y literal) torta.

Sin embargo, ¿cuáles eran los intereses de cada parte? Y, ¿estaban dichos intereses "directamente en conflicto"? Cuando se les preguntó por qué querían la pizza, descubrieron que el interés de uno era el borde y el de la otra parte, el centro de la pizza (todo menos el borde). Al reconocer que el supuesto de la torta inalterable en esta negociación era un mito, pudieron implementar una solución que satisfizo los intereses de ambas partes.

Desvalorización reactiva. Un reto especial, al sobreponerse al supuesto mítico de la torta inalterable, es lo que los estudiosos llaman "desvalorización reactiva". Esto consiste en reaccionar menospreciando la propuesta hecha por la contraparte, sin considerar sus ventajas, simplemente porque proviene de la otra parte.

En un estudio hecho por Stillinger y otros autores, por ejemplo, los investigadores presentaron una propuesta de reducción de armamento a un grupo de individuos en EEUU y les dijeron que la misma venía de parte del presidente Reagan. El noventa por ciento pensó que o bien la propuesta era neutral, o favorecía a los EEUU. Cuando los investigadores les hicieron la misma propuesta a otros individuos y les dijeron que era de parte de Gorbachev, el presidente de Rusia, tal porcentaje bajó a 44%. Si te interesaría un resumen de los estudios sobre desvalorización reactiva, visita el siguiente sitio: http://en.wikipedia.org/wiki/Reactive_devaluation.

Puedo claramente observar el impacto de la desvalorización reactiva en mis cursos. Les doy a mis alumnos un ejercicio que involucra un litigio entre un empleador, una compañía que vende software, y el titular de una de sus licencias. Cuando el licenciado propone un acuerdo razonable, la mayoría de los estudiantes rechaza la oferta porque cree que ello indica que el licenciado tiene una posición débil. Al focalizarse en la fuente de la propuesta (el licenciado) en vez de en el contenido de la oferta, se pierden la oportunidad de negociar un acuerdo que evitaría costos considerables de litigio.

2. Considera "fijar una referencia" al desarrollar una estrategia de primera-oferta

Como explican Bazerman y Neale y otros investigadores, el hombre tiende a fijar como referencia un valor inicial, al estimar el valor de objetos inciertos. Por ejemplo, prueba este experimento desarrollado por Russo y Schoemaker. Suma 400 a los últimos tres dígitos de tu número de teléfono y escribe el total en un papel.

Ahora considera lo siguiente: Atila el Huno fue uno de los conquistadores más temidos de la historia mundial. Fue finalmente derrotado en la Era Común (es decir, después de Cristo). ¿Fue derrotado, entonces, antes o después del número que anotaste?

Tras escribir "antes" o "después", anota el año en el que crees que fue derrotado Atila.

Cuando hago este experimento en clase, los resultados suelen ser similares a los siguientes:

Últimos 3 dígitos del número de teléfono + 400	Fecha de la derrota de Atila el Huno
400–599	580
600–799	670
800–999	920
1000–1199	1210
1200–1399	1340

Si eres un científico, al mirar estos resultados, ¿que concluirías? Probablemente que los números elegidos para la fecha de la derrota, en la columna de la derecha, están influenciados por los números de la columna de la izquierda. Esto es, a medida que los números de la izquierda aumentan, también lo hacen los números de la derecha.

¿Cuál es la relación entre los números de teléfono y Atila el Huno? No hay relación alguna. Debido a que mis alumnos no saben con certeza la fecha de la derrota, toman como referencia el único número disponible (los últimos tres dígitos de su número de teléfono, más 400). A propósito, Atila el Huno fue derrotado en el año 451 d.C.

La fijación de referencias tiene un poderoso efecto, aún en expertos de un área de estudio en particular. Por ejemplo, los investigadores le dieron, a un grupo de físicos, un caso en el que se presentaba un paciente que podría tener una enfermedad en los pulmones. Se les pidió a los físicos que estimasen si las probabilidades, de este individuo, de tener dicha enfermedad eran superiores o inferiores a 1%. Luego se les pidió que estimasen las chances de que dicho paciente tuviese la enfermedad en cuestión.

Los investigadores, entonces, le presentaron el mismo caso a otro grupo de físicos y les preguntaron si las chances de que el paciente tuviese la enfermedad en los pulmones eran superiores o inferiores a un 90%. A continuación, se les exigió que estimasen las chances de que la persona tuviese dicha enfermedad.

El primer grupo de físicos fijó su referencia en la baja y aleatoria probabilidad proveída (1%); mientras que el segundo grupo hizo lo propio con la alta y también aleatoria probabilidad que les dieron (90%). Como resultado, cuando estimaron las chances de que el paciente tuviese una enfermedad en los pulmones, el segundo grupo en promedio calculó un 29% mayor en probabilidades que el primer grupo (Brewer, et al., *The Influence of Irrelevant Anchors on the Judgments and Choices of Doctors and Patients*).

Estrategia de primera-oferta. ¿Cómo afecta la fijación de referencias a las negociaciones? Una pregunta importante que surge durante las negociaciones es: ¿Quién debería hacer la primera oferta? Le he planteado esta misma pregunta a empresarios alrededor del mundo y la respuesta suele ser siempre la misma: siempre deja que la otra parte haga la primera oferta.

Suelen fundamentar esta respuesta con ejemplos de propia experiencia. Un ejecutivo retirado me contó recientemente sobre una negociación por un inmueble en la cual esperaba pagar como mucho $300.000, pero terminó pagando mucho menos, dado que la contraparte abrió la negociación con un precio de $35.000.

Por otro lado, cuando la contraparte haga una oferta inicial inesperadamente favorable, no la aceptes inmediatamente a menos que quieras hacerla sentir mal. Un amigo me contó la historia de un ejecutivo experimentado en su compañía, el cual tenía un conflicto con el nuevo CEO. Este último quería deshacerse de él y preguntó: "¿con cuánto te retirarías?" El ejecutivo le dio una cifra exageradamente alta, la cual fue aceptada inmediatamente por el CEO. Esto hizo que el ejecutivo se arrepintiese, ¡pues comenzó a preguntarse si su número inflado no era muy bajo!

¿Cómo se relaciona el saber convencional (siempre deja que la otra parte haga la primera oferta) con la teoría de la fijación de referencias? La teoría explicada primeramente sugeriría que hagas la primera oferta, para lograr que la contraparte fije su referencia en tu número.

¿Qué postura está en lo cierto? ¿Los ejecutivos experimentados que propugnan el saber convencional (deja que la otra parte haga la primera oferta), o los defensores de la teoría de la fijación de referencias? La respuesta es complicada y difícil de generalizar. Por ejemplo, los estudios hechos por mi colega de la Universidad de Michigan, Shirli Kopelman, y otros, indican que a los negociadores que hacen la primera oferta les va mejor económicamente, pero están menos satisfechos con los resultados, pues sienten más ansiedad ("Resolving the First-Offer Dilemma", *Negotiation*, de julio del 2007).

Dada la complejidad de la pregunta, te recomiendo usar una regla básica. Sigue el saber convencional cuando el valor del producto vendido sea incierto. Al pedirle a la otra parte que haga la primera oferta, conseguirás información acerca del valor del bien en cuestión (por supuesto, al hacerlo, trata de evitar ser atrapado por la fijación de referencia de la contraparte). Por otro lado, si estás bastante seguro acerca del valor del producto en venta, deberías ignorar el saber convencional y tratar de fijarle, a la otra parte, tu número como referencia.

¿Y si llegas a un callejón sin salida, al pedirle a la otra parte que haga la primera oferta, pero ella quiere la tuya primero? Probablemente te convenga un intercambio de información. Los abogados usan esta estrategia en negociaciones de acuerdos durante procesos judiciales. Por ejemplo, el científico social Herbert Kritzer ha descubierto un patrón en el que "las discusiones acerca de los daños no es tanto una serie de ofertas y contraofertas, como sí un proceso de intercambio de información" (*Let's Make a Deal*).

3. Evita el exceso de confianza

Como señalan Bazerman y Moore, el exceso de confianza, como la fijación de referencias, es el resultado de nuestro uso de la heurística. En esencia, tenemos una confianza exagerada en que nuestras decisiones son correctas. Realiza el siguiente test para determinar si tienes exceso de confianza. Para cada uno de los siguientes ítems, escribe un rango tal que estés 90% seguro de que tu respuesta sea correcta. No mires las soluciones que se brindan a continuación ni busques las respuestas en Internet. Para superar la prueba deberías responder correctamente 9 de las 10 preguntas. ¿Por qué no 100%? Porque entonces elegirías rangos muy amplios, lo cual facilitaría mucho el examen.

1. Año en que nació Wolfgang Amadeus Mozart

   _____ _____

2. Longitud del río Nilo

   _____ _____

3. Cantidad de veces que los rayos golpean la Tierra por minute

   _____ _____

4. Tiempo que tarda la luz del Sol en llegar a la Tierra

   _____ _____

5. Diámetro de la Luna

_____ _____

6. Número de cuchillos, tenedores y cucharas en la Casa Blanca

_____ _____

7. Número de idiomas activos en el Mundo

_____ _____

8. Período de gestación (en días) de un elefante asiático

_____ _____

9. Número de embarazos diarios en el Mundo

_____ _____

10. Cantidad de tiempo que puede dormir un caracol si no es molestado (en días)

_____ _____

Estas son las respuestas:

1. Mozart nació en 1756.

2. El río Nilo tiene 6738 km de longitud.

3. Los rayos golpean la Tierra 6.000 veces por minuto.

4. La luz del Sol tarda 492 segundos en llegar a la Tierra.

5. El diámetro de la Luna mide 3476 km.

6. Hay 13.092 cuchillos, tenedores y cucharas en la Casa Blanca.

7. Existe un número estimado de 6.000 idiomas hablados actualmente en el Mundo.

8. El período de gestación de un elefante asiático es de 645 días.

9. Hay aproximadamente 365.000 embarazos por día.

10. Un caracol puede dormir 1.095 días si no es molestado.

(De Russo y Schoemaker, *Statistic Brain, y Odd Trivia Facts* (Rich Hancock)).

¿Tuviste éxito en el desafío planteado? ¿Contestaste 9 preguntas correctamente? Si no tuviste éxito, hay buenas y malas noticias. Las malas son que, como la mayoría de la gente, tuviste un exceso de confianza al establecer unos rangos muy estrechos. Las buenas noticias son que virtualmente, los únicos que no tienen exceso de confianza... ¡son depresivos clínicos! ("Saving Yourself from Yourself", *Business Week*, del 10 de octubre de 1999).

El exceso de confianza es una trampa que los profesores de las escuelas de negocios aman estudiar. Por ejemplo, los profesores de finanzas han concluido que si uno toma decisiones de inversión y cae en dicha trampa, ello puede producir pérdidas. Los profesores de contabilidad han notado un exceso de confianza en los gerentes que predicen ganancias a largo plazo.

Este tipo de problema también puede afectar a tu estrategia de negociación. He notado cómo, al prepararse para una negociación, los estudiantes tienden a predecir ZOPAs (zonas de posible acuerdo) demasiado estrechas. Esto influye en su evaluación de los hechos y su estrategia de negociación. Una consecuencia de ello es que el individuo puede ser demasiado conservador a la hora de establecer objetivos idealistas.

Toma de decisiones versus implementación. Los ejecutivos a veces cuestionan mi rechazo al exceso de confianza. Sostienen que esta es una buena cualidad porque les permite, como líderes empresariales, estimular a los empleados para que hagan más de lo que hubiesen pensado posible.

El exceso de confianza también ha sido vendido como una buena característica de los emprendedores debido a que "puede proveer la visión necesaria para convencer, a posibles nuevos empleados y potenciales inversores de la oportunidad de entrar desde el principio en una empresa en crecimiento. El optimismo también puede llevar a los financistas a ver lo mejor de la gente y, así, contribuir a sus habilidades sociales" (Wasserman, *Cognitive Biases in Founder Decision Making*).

Estoy de acuerdo con estas opiniones hasta cierto punto. Cuando *implementas* decisiones, una buena dosis de optimismo es sana. Sin embargo, cuando las tomas deberías ser más bien *realista* y buscar evidencia de disconformidad para mejorar tu proceso de toma de decisiones.

Usar evidencia de disconformidad puede suponer un desafío. Les suelo dar a mis alumnos una serie de números, 2-4-6, y les pido que adivinen el patrón que usé para elaborar dicha serie (la regla es que los números incrementen su valor). Antes de que contesten, les doy la oportunidad de que evalúen sus respuestas dándome tres números adicionales. Invariablemente me dan números que coinciden con sus respuestas en vez de proveer evidencia de disconformidad.

Por ejemplo, supongamos que un estudiante cree que el patrón de la serie es "incrementa el número anterior en 2". Como test, el estudiante me da evidencia que confirma su respuesta, 8-10-12. Si el alumno hubiese usado evidencia de disconformidad, digamos, 8-9-10, le habría dicho que esa respuesta era la correcta, la que coincidía con mi regla (incrementar el número anterior) y él se hubiera dado cuenta inmediatamente de que el patrón que tenía en mente (números que suben de a 2) era incorrecto.

La lección clave aquí es tratar de evitar esta "trampa de evidencia de confirmación", buscando evidencia de disconformidad, cuando se toman decisiones (este experimento es descripto en la obra de Bazerman y Chugh, "Decisions Without Blinders", Harvard Business Review. Véase también el libro de Hammond et al., "The Hidden Traps in Decision Making," *Harvard Business Review*).

Una forma de evitar esta trampa, para los líderes empresarios, es alentar un conflicto constructivo a la hora de tomar decisiones. Por ejemplo, un conocido juez de Delaware ha recomendado que las juntas de directores deberían designar a un "abogado del diablo" para asegurarse de que la junta no se vuelva demasiado condescendiente al considerar las propuestas del CEO ("Cognitive Bias in Director Decision-Making", *Corporate Governance Advisor*, noviembre/diciembre de 2012).

4. Enmarca las opciones para tu beneficio

La forma en que enmarcamos preguntas puede tener un gran impacto en las decisiones. Por ejemplo, supongamos que eres el Director de Salud Pública en una ciudad que se está preparando para una cepa de virus de la gripe, que estimas matará a 600 personas de avanzada edad. Thelma y Louise, tus dos asistentes más importantes, han desarrollado planes para combatir esta enfermedad. Con el plan de Thelma, 200 de los 600 ancianos serán salvados. Con el de Louise, hay 1/3 de probabilidades de que los 600 individuos se salven y 2/3 de que ninguno sobreviva. Thelma y Louise han estado negociando, sin éxito, acerca de qué plan adoptar y ahora quieren que tú decidas. ¿Qué plan elegirías?

Ahora supongamos que les pides a Thelma y Louise que vuelvan a la fase de planeamiento para desarrollar soluciones alternativas. Thelma idea un plan donde 400 ancianos morirán. Bajo el plan de Louisee, hay 1/3 de probabilidades de que nadie muera y 2/3 de que los 600 mueran. Otra vez no hay negociaciones satisfactorias y te piden a ti que decidas. ¿Qué plan elegirías?

Esta situación hipotética está basada en investigaciones realizadas por Amos Tversky y Daniel Kahneman ("The Framing of Decisions and the Psychology of Choice", Science) y también es abordada por Bazerman y Neale. Tversky y Kahneman descubrieron que en la primera situación, casi 3/4 de los participantes de su experimento eligió el plan de Thelma, mientras que en la segunda situación, cerca del 80% optó por el de Louise. Estos resultados son sorprendentes puesto que los planes en ambas situaciones son idénticos. Por ejemplo, en ambos planes de Thelma, 400 ancianos morirían.

¿Cuál es la causa de la diferencia en los resultados? En la primera situación, tu elección está enmarcada, expresada en términos de salvar gente, lo cual es una ganancia, una elección positiva. En la segunda, tu alternativa es enmarcada en términos de muertes de ancianos, lo cual es una pérdida, una elección negativa. Al enfrentar ganancias, la gente es reacia a asumir riesgos y va hacia lo seguro (el plan de Thelma salva 200 ancianos). Al encarar pérdidas, la gente está más dispuesta a asumir riesgos (el plan de Louise, en el cual hay 1/3 de probabilidades de que nadie muera y 2/3 de que 600 lo hagan).

Esta es una herramienta poderosa en las negociaciones con tu jefe, miembros de tu equipo, tus clientes o negociadores de otras compañías. Enmarcar las opciones que les proporcionas como ganancias o pérdidas, según convenga, tiene un impacto significativo en sus decisiones.

5. Mira más allá de la información fácilmente disponible

¿Cuáles son las principales causas de muertes por año en los Estados Unidos? ¿Accidentes de tránsito o cáncer de pulmón? Cuando hago esta pregunta en clase, un alto porcentaje de alumnos opta por los accidentes de tránsito. Aún cuando la formulo al dictar seminarios de negociación en grandes centros médicos, una proporción importante de doctores se inclina por la misma respuesta.

Estos resultados son sorprendentes porque en un año normal, aproximadamente mueren cuatro veces más estadounidenses por cáncer de pulmón que por accidentes de tránsito. Entonces, ¿a qué se deben estas conclusiones erróneas? Nuestras decisiones están excesivamente influenciadas por información fácilmente disponible. Como lo apuntan Russo y Schoemaker al tratar el ejemplo del cáncer de pulmón, "pareciera ser que la gente supone de manera implícita que la información que está más fácilmente disponible para ellos es también la información más relevante". La información relativa a accidentes de tránsito es fácilmente accesible a través de noticias muchas veces ilustradas con imágenes espantosas. La muerte por cáncer de pulmón no es noticia de primera página en los periódicos y a menudo ni siquiera es mencionada en las necrológicas.

Comprender la trampa de la disponibilidad puede ser útil durante las negociaciones. Por ejemplo, una vez trabajé con un ejecutivo de un fabricante aeronáutico. Se pusieron en juego cientos de millones de dólares cuando la empresa negoció determinados contratos con el gobierno y los funcionarios públicos demoraban sus decisiones por meses. El ejecutivo me contó que el constructor grababa videos de sus aviones de guerra en acción, durante operaciones de bombardeo, para usarlos durante las negociaciones. La compañía esperaba que estos videos, como fotos de accidentes de tránsito, fuesen fácilmente recordados cuando los funcionarios del gobierno eligieran al ganador de la licitación.

6. Ten cuidado de las trampas de la "subasta de dólares"

En mi curso, a veces subasto un billete de $20. Las reglas de la subasta son simples. Se hacen ofertas que se van incrementando de a $1. El mayor postor gana los $20, pero el segundo mayor postor también me paga y no recibe nada a cambio. Por lo tanto si

Sara es el mayor postor con una oferta de $14, gana $20, mientras que si Pete es el segundo mayor postor con $12, me paga y no recibe nada. Generalmente, muchos estudiantes en clase apuestan al inicio del juego, pero a medida que las ofertas se acercan a $20, todos excepto dos abandonan. Estos dos suelen continuar ofertando mucho más allá de $20.

Los autores han extraído una serie de lecciones de este retorcido juego inventado por el profesor Shubik de Yale. Tres de estas lecciones son especialmente importantes en las negociaciones y en las resoluciones de disputas.

Escalada de sacrificios. En primer lugar, es fácil caer en la trampa cuando las partes incrementan irracionalmente sus sacrificios, como en la subasta de dólares. El litigio nos provee un ejemplo. Es usual escuchar acerca de situaciones en las que una o ambas partes de un litigio sacrifican más de lo que se encuentra en disputa. Como los dos últimos oferentes en la subasta de dólares, una vez que se ven atrapados dentro del litigio, sus costos ascienden más allá de lo racional. El libro de Bazerman y Moore incluye un excelente capítulo sobre este tema, en inglés conocido como "escalation of commitment".

Agitación competitiva. La segunda lección es que una subasta de dólares puede desencadenar lo que los estudiosos llaman agitación competitiva. De acuerdo a un artículo del *Harvard Business Review* (Malhotra, et al., "When Winning is Everything"), este fenómeno puede aparecer cuando existe una rivalidad intensa entre dos individuos, los cuales están en el foco de atención (por ejemplo, en una negociación).

La subasta de dólares provee un marco perfecto para la agitación competitiva. En una subasta de $20 realizada por el profesor líder en materia de negociación Keith Murnighan, durante una clase MBA, la oferta ganadora fue de $15.000 y la perdedora, de $14.500. ¡Y las reglas obligaban a los oferentes a pagar! El ganador sabía que las cantidades pagadas irían a parar a obras de caridad y este fue su modo de realizar una contribución caritativa. El perdedor fue, aparentemente, atrapado por la agitación competitiva. Este último simplemente quería ganar.

Como se observa en el artículo de Malhotra, deberías tratar de minimizar la agitación competitiva, reduciendo la intensidad de la rivalidad. En una negociación, por ejemplo, deberías actuar a través de un agente o usar un equipo para manejar la situación de modo tal que el centro de atención no recaiga sobre una sola persona.

La perspectiva de la otra parte. La tercera lección que aprendemos de la subasta de dólares es la importancia de mirar cada negociación desde la perspectiva de la otra parte. En un principio, la subasta de dólares se ve excelente desde tu punto de vista, pues tienes la posibilidad de ganar $20 con una oferta de $14, por ejemplo. Pero cuando tienes en cuenta el hecho de que hay alrededor de otros cuarenta oferentes potenciales en la clase, con los mismos pensamientos, la subasta pierde su atractivo. Esta es una lección importante para todos los negociadores. Como dicen Bazerman y Neale: "Hemos notado que los gerentes que tienen en cuenta la perspectiva de la otra parte son más exitosos en los simulacros de negociación. Este enfoque les permite predecir el comportamiento de la contraparte".

Una vez cené con un ejecutivo experimentado que había estado involucrado en negociaciones financieras con empresarios destacados de todas partes del mundo. Cuando le pregunté qué era lo que distinguía a un buen negociador de otro excelente, no tardó ni un segundo en responderme: "la habilidad para mirar las finanzas desde el punto de vista de la otra parte".

Los siguientes son un par de retos para probar tu habilidad para mirar las negociaciones desde la perspectiva del otro. El primero se basa en una historia contada en un gran libro llamado *The*

Manager as Negotiator, de Lax y Sebenius. Faltando poco para el final de su campaña para la presidencia, Teddy Roosevelt planeó usar panfletos con una foto de suya en la que se lo veía muy presidencial. Justo antes de que su equipo de campaña estuviese listo para comenzar a distribuir los panfletos, descubrieron que el fotógrafo poseía derechos de autor sobre la foto.

La campaña de Roosevelt no contaba con suficientes fondos para pagar el permiso de uso de dichos derechos de autor, pero tampoco querían usar la foto de manera ilegal. Aún así, sentían que necesitaban los panfletos para ganar las elecciones. Inseguros acerca de qué hacer, le pidieron consejo a un exitoso negociador y simpatizante de Roosevelt. ¿Qué harías si te hubiesen pedido el consejo a ti?

Esto es lo que hizo el simpatizante de Roosevelt. Aparentemente capaz de mirar la negociación desde el punto de vista de la otra parte, le envió un telegrama al fotógrafo que decía (citado por *The Manager as Negotiator*): "Estamos planeando distribuir muchos panfletos con una foto de Roosevelt al frente de los mismos. Será una excelente publicidad para el estudio que haya tomado dicha fotografía. ¿Cuánto nos pagaría por usar la suya? Responda inmediatamente".

¿La respuesta? El fotógrafo ofreció pagar $250 si usaban su fotografía. ¡Este gran negociador había dado vuelta el pastel!

Este es otro ejemplo, más sofisticado (¡y sorprendente!) extraído del libro de Bazerman y Neale. Trabajas para una compañía la cual está considerando emitir una oferta para comprar otra compañía ("Objetivo"). El valor de Objetivo bajo la actual gestión está entre $0 y $100 millones, dependiendo del éxito de sus operaciones de perforaciones petrolíferas. Cada valor entre $0 y $100 millones es igualmente probable.

Los dueños de Objetivo saben el valor exacto de la compañía, porque han recibido reportes acerca del éxito de sus perforaciones

84

petrolíferas. Bajo tu gestión, el valor de Objetivo será un 50% mayor que el actual, sea cual sea este último. ¿Cuánto ofrecerías por Objetivo, si solo pudieses realizar una única oferta de "tómalo o déjalo"?

Cuando utilizo este ejemplo en mis seminarios para ejecutivos, hasta los expertos en finanzas no pueden responder correctamente. ¿Por qué? Porque no ven este acuerdo desde el punto de vista de Objetivo. Tomemos aleatoriamente una oferta, digamos, $60 millones. Si el verdadero valor de la compañía es más alto que este, Objetivo (quien conoce dicho valor) no aceptará la oferta.

Puesto de otro modo, Objetivo solamente aceptará ofertas en el rango de $0-$60 millones, las cuales tienen un valor promedio de $30 millones. Aún luego del incremento de valor del 50% tras la adquisición, el valor pasa a ser de solo $45 millones, el cual sigue siendo menor que tu oferta de $60 millones. Debido a que el valor siempre será menor que cualquier oferta que hagas, la respuesta correcta es que deberías ofertar $0.

La importancia de mirar las negociaciones desde la perspectiva de la otra parte, por supuesto, no se limita a acuerdos comerciales. Un amigo mío era un consejero experimentado de un presidente de EEUU. Cuando le informaba al presidente sobre, por ejemplo, una reunión próxima con un líder de otro país, mi amigo le explicaba los puntos clave que afectaban la relación entre ambos países y observaba, a continuación, la asombrosa habilidad del presidente para discutir los asuntos desde la perspectiva de la contraparte y entender sus preocupaciones remarcando dichos problemas.

7. Estimula la reciprocidad

En su libro *Influence*, Robert Cialdini dedica un capítulo entero a la "reciprocidad", la necesidad fundamental que nosotros, como humanos, sentimos de retribuir a una persona que ha hecho algo por nosotros. El autor cita al antropólogo Richard Leakey, quien señala que la reciprocidad nos hace humanos: "Somos humanos porque nuestros antecesores aprendieron a compartir su comida y sus habilidades en una red de obligaciones".

Todos podemos pensar en ejemplos de reciprocidad. Permíteme compartir uno que involucra una negociación mía con una niña pequeña. Uno de mis alumnos me invitó a su casamiento, en Bombay, India. Una tarde, tenía algo de tiempo libre, y decidí ir a dar un paseo por los hermosos jardines en terrazas conocidos como Los Jardines Colgantes, en la cima de la colina de Malabar.

Mientras me acercaba a los jardines, una niña de la calle, probablemente de once o doce años, se aproximó e intentó venderme un abanico hecho con plumas de pavo real. Tras decirle que no estaba interesado, me siguió, explicándome la ornamentación, vegetación y edificios de los jardines. ¿Qué terminé comprando al final del recorrido? Un abanico de plumas de pavo real. La niña sería joven, pero poseía un entendimiento intuitivo acerca del poder de la reciprocidad.

A menudo pasado por alto en discusiones sobre reciprocidad es lo que ha sido llamado el "Efecto Ben Franklin", o lo que yo llamo reciprocidad revertida. En vez de hacer algo por otra persona, esperando que sea recíproca contigo, pídele que haga algo por ti.

Como dijo Franklin, "Quien te haya hecho un favor alguna vez estará más dispuesto a hacerte otro, que quien haya recibido un favor tuyo". Por ejemplo, al tratar de asegurarse la amistad de un competidor, Franklin le pedía prestado uno de sus libros raros. El competidor se lo prestaba y, al devolver dicho libro, Franklin le agradecía profusamente. Luego de esto, terminaban convirtiéndose en buenos amigos.

8. Usa el principio del contraste

Cuando compré mi primera casa, una agente inmobiliaria me mostró la casa más fea que había visto en mi vida. Necesitaba muchas reparaciones y tenía un altísimo precio. Le dije, entonces, que no estaba interesado. Luego, me llevó a una casa que era atractiva, pero también necesitaba muchas reparaciones y tenía un alto precio. Otra vez, le dije a la agente que no me interesaba aquella propuesta. Fue entonces cuando me presentó una casa atractiva, bien mantenida, que también tenía un alto precio. Inmediatamente le dije: "La quiero".

¿Qué me había hecho la agente inmobiliaria, psicológicamente? En el lenguaje del mercado inmobiliario, me había mostrado, primero, "propiedades trampa". En el lenguaje de la psicología, me había tendido una trampa, usando el principio del contraste. La agente inmobiliaria era consciente de que la tercera casa se vería diferente si era mostrada en contraste con las dos primeras, en vez de ser presentada de forma separada. Si me hubiese llevado solamente a la tercera casa, no me habría interesado debido a su alto precio.

El principio del contraste es bien conocido por los vendedores. Por ejemplo, una gerente que cursó mi seminario de negociación gestionaba una tienda de artículos de lujo en Singapur, la cual vendía bolsos y carteras por más de mil dólares. Ordenaba a sus empleados que colocasen las corbatas para hombre al lado de las carteras. Las corbatas se vendían fácilmente, pues, a pesar de que eran costosas, parecían económicas en comparación con los precios de las carteras.

Yo suelo caer en una trampa similar. Al comprar un traje, acostumbro, asimismo, a comprar una corbata que cuesta más de lo que pagaría si la adquiriese como un artículo por separado. En contraste con el costo del traje, el precio de la corbata parece razonable.

El principio del contraste es vívidamente ilustrado en la siguiente carta de una estudiante universitaria a sus padres. Existen muchas versiones de esta carta. Una de ellas es citada en el libro de Cialdini; la que se muestra a continuación es tomada del siguiente sitio:

http://www.netjeff.com/humor/item.cgi?file=DearMomAndDad.

Queridos mamá y papá,

Ya hace tres meses que empecé la universidad. Les pido perdón por mi falta de consideración al no haber escrito antes. Voy a ponerlos al tanto, pero mejor siéntense antes de seguir leyendo, ¿está bien?

Me las estoy arreglando bastante bien, ahora. La fractura de cráneo y contusión cerebral que sufrí tras saltar por la ventana de mi habitación mientras esta se estaba incendiando están casi curadas. Solamente pasé dos semanas en el hospital, ya casi puedo ver con normalidad y solo tengo dolores de cabeza una vez al día. Afortunadamente, Roger, un empleado de la estación de gas, fue testigo del incendio y mi salto y llamó a los bomberos. También me visitó en el hospital y, ya que no tenía dónde vivir, fue tan amable de invitarme a compartir su departamento. Es un muy buen hombre y estamos planeando casarnos. Todavía no hemos fijado la fecha, pero será antes de que se empiece a notar mi embarazo. Ya se concretó su divorcio y comparte la custodia de sus 3 hijos.

La razón por la cual demoramos nuestro casamiento es que Roger tiene una pequeña infección que nos impide pasar sin problemas los exámenes de sangre prematrimoniales, y yo me contagié sin querer de él. Esto se solucionará pronto con las inyecciones de penicilina que me estoy dando a diario.

Ahora que los he puesto al tanto de todo, quiero decirles que no hubo ningún incendio, no tuve ninguna contusión cerebral ni fractura de cráneo, no fui al hospital, no estoy embarazada ni comprometida, no tengo sífilis y no hay ningún hombre divorciado en mi vida. Sin embargo, me saqué una "D" en Arte y una "F" en Biología y quería que viesen estas notas desde la perspectiva correcta.

Su amada hija,

Jane

Si bien Jane tiene dificultades con Arte y Biología, le irá muy bien en futuras negociaciones, ¡pues comprende claramente el principio del contraste!

9. Toma una perspectiva panorámica

Esta última herramienta (o trampa) es, a veces, pasada por alto en libros de negociación: en las negociaciones es importante mantener en mente una perspectiva panorámica aún cuando estés inmerso en los detalles. Esto es más difícil de lo que parece debido a lo que Bazerman y Chugh llaman "conciencia adherida" ("Decisions Without Blinders", *Harvard Business Review*). Una cuestión importante de la conciencia adherida es que nuestro foco en un aspecto de la negociación (por ejemplo, el precio) puede limitar nuestra conciencia acerca de temas más importantes.

Un ejemplo de conciencia adherida la brinda este video: http://www.youtube.com/watch?v=IGQmdoK_ZfY. En el, los jugadores de dos equipos de baloncesto, uno que viste camisetas blancas y el otro, camisetas negras, se pasan la pelota entre los compañeros de equipo. Se te pide que cuentes la cantidad de pases hechos por el equipo de camiseta blanca. Mientras te concentras en el ejercicio, una persona disfrazada de gorila se ubica en el medio, entre los jugadores de ambos equipos, se golpea el pecho y se marcha. Un gran porcentaje de participantes ignora completamente la presencia del gorila porque están demasiado concentrados en contar los pases.

El Gran Bazar de Estambul es considerado por muchos como el paraíso de los compradores. Con miles de negocios a lo largo de alrededor de sesenta calles techadas, el Gran Bazar ofrece la posibilidad de probar tu habilidad de negociar, regateando para comprar joyas, muebles, alfombras, ropa, marroquinería y muchos artículos turísticos. Cuando visité el bazar, me contaron que muchos compradores terminan viéndose tan cautivados por sus negociaciones, que pasan por alto la perspectiva panorámica (o el gran gorila), la cual es que los artículos están más baratos fuera del Gran Bazar, donde hacen las compras los ciudadanos locales.

Puedo notar una sabiduría importante en las observaciones del veterano negociador Maggy Baccinellim, de la *International Air Transport Association*: "Cuando negocias, debes siempre mantener en mente una perspectiva panorámica... y volver siempre a ella, para evitar la trampa de perderte en los detalles" ("A Canadian Perspective on Contract Negotiation", ACC Docket, de octubre de 2012).

Puntos clave. Este capítulo ha proveído una lista de nueve herramientas que podrás usar o trampas que deberás evitar en negociaciones futuras. Mantén esta lista de chequeo a mano para usarla al tomar decisiones durante las negociaciones, así como al tomar decisiones de liderazgo o financiera.

III CIERRA LA NEGOCIACIÓN CON UN CONTRATO VINCULANTE

8. Recurre al derecho contractual para concluir tu negociación

9. Ve más allá de las formalidades legales para crear valor

8 Recurre al derecho contractual para concluir tu negociación

Se dice, a menudo, que la negociación tiene lugar a la sombra de la ley. En rigor, el Derecho proyecta dos sombras en la negociación. En primer lugar, al resolver una disputa, la sombra es el litigio, BATNA final y definitivo en este tipo de negociación. En el capítulo 3 hemos explorado cómo el litigio del BATNA en los Estados Unidos de América se diferencia respecto de otros países. En ese capítulo también se explicó cómo calcular el valor de tu BATNA en un litigio, utilizando el esquema de los árboles de decisión.

La segunda sombra, que tiene su origen en las negociaciones para arribar a un acuerdo, es el marco legal aplicable a la negociación contractual, así como también los elementos esenciales para convertir tu acuerdo en un contrato vinculante. A pesar de que el foco en este capítulo será puesto en estos componentes, previamente y a título introductorio, analizaremos algunos detalles de índole legal para abordar tres amplias perspectivas en Derecho Contractual y dos variables clave que determinan la legislación aplicable a tu contrato.

"Negociando en dos sombras proyectadas por el derecho"

Para cerrar un acuerdo: Marco legal
para la negociación contractual

Resolución de disputa: Litigio
como BATNA

Negociación

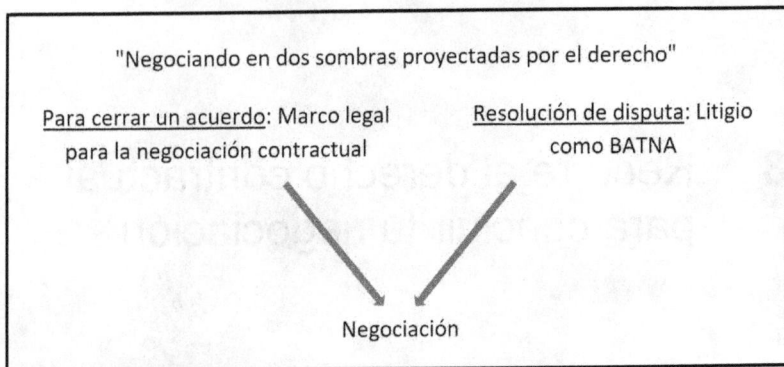

PERSPECTIVAS EN DERECHO CONTRACTUAL

Básicamente, un contrato es un acuerdo que es exigible legalmente, un acuerdo cuya ejecución puede ser exigida por la mera aplicación de la ley. Todos nosotros celebramos muchos acuerdos que no son legalmente exigibles. Por ejemplo, podemos tú y yo acordar de manera categórica que una película determinada es la peor que hemos visto en nuestras vidas, pero tal acuerdo no puede ser invocado ante los tribunales para exigir su cumplimiento. El Derecho Contractual proporciona un marco en virtud del cual podremos determinar cuáles de nuestros acuerdos serán entonces susceptibles de ser exigibles y ejecutables legalmente.

Para adentrarnos en el mundo del Derecho Contractual, se deben tener muy en cuenta los siguientes tres enfoques. En primer término, existe una perspectiva global. En efecto, en el mundo actual de los negocios, por esencia global, la norma jurídica es de vital importancia al momento de adoptar decisiones comerciales. No hay reglas legales más importantes que las emanadas del Derecho Contractual, ya que a través de los contratos se establecen nada más y nada menos que los derechos y obligaciones de cada una de las partes. La primera pregunta que deberías formularte al decidir sobre la inversión en cualquier país sería: ¿serán mis derechos resultantes de este contrato respetados y legamente exigibles en este país?

En segundo lugar, desde la perspectiva de la empresa, los contratos son la llave para el éxito comercial. Toda otra actividad empresarial (finanzas, contabilidad, marketing, estrategia, etc.) serían nulas e inexistentes si tus contratos no fueran productivos. El valor en las organizaciones es generado durante las negociaciones contractuales, mientras que el fracaso empresarial se configura cuando estas negociaciones no producen resultados exitosos.

Finalmente, ya desde una óptica personal, los contratos (ambos, escritos y no escritos) se infiltran en nuestras vidas diarias. Sean contratos que impliquen una simple compra de comida, o que importen complejas transacciones, como la compra de una casa, representan un aspecto muy importante de nuestras interacciones con otros seres humanos.

Al ser tan comunes los contratos en nuestras vidas personales y comerciales, en muchos casos al negociar los mismos, debemos comportarnos como nuestros propios abogados. Es decir, no podemos tener un abogado a nuestra permanente disposición para asesorarnos cada vez que estemos a punto de celebrar un contrato personal o de negocios. En consecuencia, necesitamos contar con un pantallazo general para conocer básicamente las fuentes del Derecho Contractual, como así también los cuatro elementos clave que determinan si un contrato ha sido formalizado, aún en caso de contratos no escritos o informales. Veremos, ahora, estos puntos.

COMPRENDE LAS FUENTES DEL DERECHO CONTRACTUAL

Cuando estás involucrado en una negociación y te surge una pregunta de Derecho Contractual, ¿dónde puedes tú (o tu abogado) encontrar la respuesta? Dos preguntas fundamentales determinan la fuente del Derecho Contractual. ¿Estamos en un país que se basa en el sistema anglosajón del "Common Law" o en el Derecho Civil de origen europeo-continental? Y, además, ¿qué clase o tipo de contrato estamos negociando?

Tipos de sistemas legales

Si bien el Derecho Contractual en una economía globalizada se ha tornado sustancialmente similar de un país a otro, los matices diferenciales aún subsisten. El mundo industrializado ha estado dividido entre aquellos países que tienen un sistema de Derecho Civil y aquellos que se basan en el Common Law. Al inicio de toda negociación, deberías determinar qué sistema gobierna tu contrato.

En términos generales, los países de Derecho Civil incluyen las naciones de Europa Continental más sus respectivas ex colonias. En países basados en el Derecho Civil, los principios jurídicos son encontrados en un "código" (compilación o enciclopedia de Derecho). En contraste, los países del Common Law (generalmente Inglaterra y sus anteriores colonias) se basan más fuertemente en los "precedentes", esto es, en las decisiones previas en casos análogos, como fuente del Derecho.

La distinción entre los países del Derecho Civil y del Common Law es particularmente importante pues los requisitos legales para un contrato válido difieren entre ambos sistemas. Por ejemplo, el Derecho Civil no considera en absoluto el requisito que discutiremos debajo.

Aparte de las diferencias relativas a los requisitos legales, algunos profesionales han observado que los contratos del Common Law son más extensos, ya que los abogados tratan de anticipar todo el escenario posible que pudiera acaecer al momento de la ejecución del contrato. Si bien es difícil generalizar, ciertos autores doctrinarios consideran que los contratos del Derecho Civil son, en general, más breves porque el contrato puede hacer una referencia a las provisiones legales establecidas en un código, civil o comercial.

Sin embargo, aún en los países que se basan en el Derecho Civil, existe una tendencia pronunciada hacia los contratos más largos, puesto que ambos sistemas, a menudo, se funden o se combinan cuando la negociación trasciende las fronteras nacionales.

Puntos clave. Al comenzar toda negociación, determina si el contrato es gobernado por un sistema legal distinto de aquel al cual estás familiarizado.

Clases de contratos

La segunda variable relacionada con la fuente del Derecho Contractual requiere la comprensión de la clase de contrato que estás negociando. Por ejemplo, supongamos que fabricas equipamientos y materiales de golf. Estoy negociando la compra de 100 palos de golf que deseo vender en mi tienda. Llegamos a un acuerdo en todos los detalles, con excepción del precio. ¿Tenemos un contrato?

A la luz del régimen particular del Common Law que regula específicamente la compra-venta de inmuebles y servicios, el precio sería considerado un elemento esencial a los efectos de la constitución del contrato. No obstante, en nuestro ejemplo, el contrato constituye lo que los abogados llaman compra-venta de mercaderías. En los Estados Unidos de América, la venta de mercaderías es regulada por el Código de Comercio Uniforme (UCC en sus siglas en inglés), el cual ha modernizado el Derecho Contractual estadounidense. A tal punto es esto así que, aún cuando el precio no ha sido establecido, si estás dispuesto a celebrar un contrato, pero nada se ha dicho respecto del precio, el UCC dispone que "será el precio razonable al momento de efectuarse la entrega" de los palos de golf, en nuestro caso.

La situación se convierte un tanto más complicada si negocias un contrato internacional. Afortunadamente, 81 países, incluyendo los EEUU, han ratificado el acuerdo llamado "Convención de las Naciones Unidas sobre contratos de compra-venta internacional de mercaderías" (conocido en negocios internacionales por su sigla en inglés de "CISG"). El hecho de tener una legislación uniforme internacional en materia de compra-venta es un logro importantísimo que facilita, sin duda, el comercio a nivel global.

Desafortunadamente, algunas reglas en el CISG difieren del UCC. Por ejemplo, algunos expertos han llegado a la conclusión de que según el CISG el precio debe estar establecido, o a lo sumo el contrato debe incluir una cláusula para determinar el mismo (Miller, *Fundamentals of Business Law*).

Puntos clave. Al comenzar toda negociación, determina si el contrato se refiere a la compra-venta de mercaderías, en cuyo caso el UCC será de aplicación en los Estados Unidos, mientras que la CISG será aplicable si el contrato se celebró entre partes de dos países que han ratificado este acuerdo (salvo que las partes pacten en contrario).

UTILIZA UNA LISTA DE CHEQUEO DE CUATRO PARTES

Nos adentramos a considerar los cuatro elementos esenciales para la creación de un contrato. Estos componentes, a su vez, representan las cuatro partes de una lista de chequeo del contrato que será de utilidad en tus futuras negociaciones.

1. Arribar a un acuerdo de voluntades

Es, este, un requisito claro y obvio. Las partes deben arriban a un acuerdo. Una parte genera una oferta, la cual es aceptada por la otra.

En muchos casos, el sentido común detecta si un contrato ha sido celebrado, como lo ilustra el siguiente ejemplo. Supongamos que el día lunes una tienda envió una oferta de compra de aparatos de televisión al fabricante, solicitando la entrega en la tienda. El miércoles el fabricante envió la respuesta, aceptando la oferta pero agregando que la tienda debía recoger los televisores en la fábrica. El viernes la tienda aceptó esta modificación. Luego, los precios de las aparatos de TV bajaron, con lo cual la tienda consideró que no había contrato. ¿Lo hay?

Lunes: Oferta de compra de TV; entrega en tienda

Tienda   Fabricante

Miercoles: Aceptación de la oferta pero la tienda debe recoger en la fábrica

Viernes: La tienda dice OK

Analizando la situación con sentido común, la tienda hizo la oferta el lunes, pero la llamada "aceptación" por parte del fabricante no fue en rigor una aceptación legalmente válida, ya que revisó los términos de la oferta al cambiar el lugar de entrega. Esto ha convertido la comunicación del fabricante en una contraoferta, la cual, legalmente, constituye un rechazo a la oferta. La contraoferta fue aceptada por la tienda el viernes, generándose así un contrato (por

CIERRA LA NEGOCIACIÓN CON UN CONTRATO VINCULANTE

razones demasiado complicadas de explicar aquí, según el UCC la aceptación probablemente puede haber ocurrido el día miércoles, pero, en todo caso, efectivamente hay un contrato).

Documentos preliminares. Puede darse una situación de riesgo en caso de que las partes utilicen un documento preliminar durante la negociación del contrato. Este tipo de documento (a veces llamado "memorándum" o "carta de intención", o "acuerdo", en principio) constituye una herramienta útil en negociaciones complejas, aunque también lo es en simples operaciones, tales como el alquiler de un apartamento, ya que a través de este documento las partes van convirtiendo los acuerdos negociados en un acuerdo legal.

No obstante, recurrir a ellos puede implicar riesgos de importancia. Si las partes no dejan claramente establecido el hecho de que no se están comprometiendo legalmente (a través de dicho documento preliminar) hasta tanto no exista un contrato final formalmente firmado por ambas partes, los tribunales podrían considerar lo contrario, tomando dicho documento como contrato vinculante.

Es un riesgo que también podría generar consecuencias a terceros. Por ejemplo, hace varios años la empresa Pennzoil negoció un "memorándum" de acuerdo para adquirir Getty Oil. Cuando luego Texaco, en forma separada, celebró un contrato para adquirir Getty Oil, Pennzoil reclamó que aquel "memorándum" debía ser considerado como un contrato vinculante y que la conducta de Texaco estaba por ende interfiriendo y afectando los derechos contractuales de Pennzoil. En el juicio pertinente, el tribunal dio la razón a Pennzoil al condenar a Texaco al pago de $10 mil millones y medio en concepto de daños y perjuicios.

"Memorandum de acuerdo"

Pennzoil ─────────────────── Getty Oil

$10.5 mil
millones (reducidos
a $3 mil millones)
Texaco

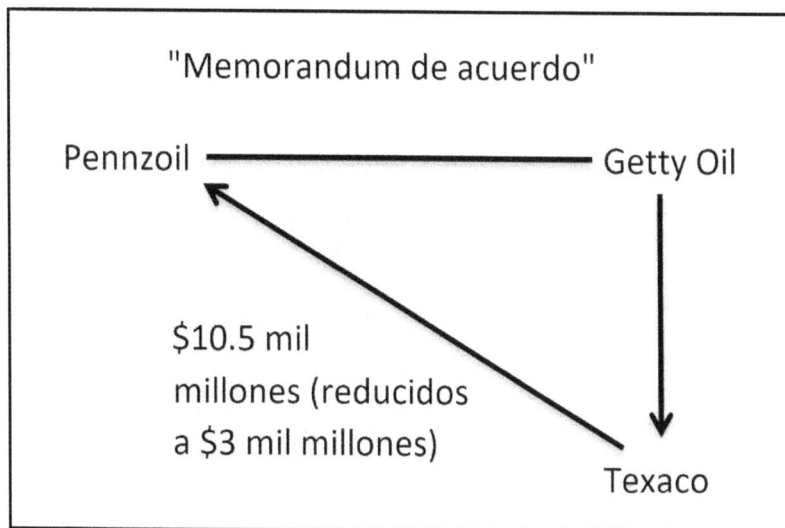

Ha sido, este, el mayor fallo de la historia confirmado en apelación. Cuando se declaró finalmente a Texaco en quiebra, las dos empresas alcanzaron un acuerdo por el cual Texaco pagó a Pennzoil "solo" $3 mil millones. El abogado de Pennzoil comentó con posterioridad: "Aquella noche, luego de ganar el caso, celebramos en mi casa comiendo hamburguesas y tomando cerveza. Todavía conservo como recuerdo el talón del depósito de los $3 mil millones en la pared de mi casa" (en el *ABA Journal*, del 2 de marzo de 2009).

Puntos clave. Si bien son importantes herramientas de negociación, los acuerdos preliminares pueden generar riesgos significativos. A fin de minimizarlos, deberías aclarar con precisión en el propio documento, que el mismo se redacta al sólo propósito de la negociación y que no constituye un contrato definitivo hasta tanto así lo dispongas con tu consentimiento y firma.

2. Renunciar a algo, como contraprestación

"Consideration" es un concepto y un requisito específico del Common Law. Si bien el mismo posee una definición técnicolegal, en el lenguaje corriente significa que, para que un acuerdo sea considerado legalmente vinculante, ambas partes deben renunciar a algo. Por ejemplo, sin un graduado promete donar $20 millones a su universidad en un acuerdo firmado por escrito, en términos generales este acuerdo no es vinculante, excepto que la universidad, por su parte, prometa renunciar a algo en reciprocidad, es decir, como contraprestación.

En la mayoría de las transacciones comerciales la "consideration" no es un tema que preocupe, puesto que ambas partes de la relación contractual suelen hacerse promesas de renuncias recíprocas. Una de las partes se compromete a prestar un servicio o producto, mientras que la otra queda obligada a efectuar el pago correspondiente.

No obstante, el riesgo de no satisfacerse este requisito surge cuando el contrato es objeto de modificaciones. Supongamos que, como contratista, te comprometes con un cliente a remodelar un edificio para una determinada fecha. El cliente se compromete a pagarte $30.000. Las dos promesas de prestaciones representan la "consideration" mutua en este ejemplo.

A tu pedido, el cliente estipula por escrito darte una extensión de un mes de plazo, pero tú no le das a tu cliente ninguna contraprestación a cambio de esta extensión. Técnicamente el acuerdo no es vinculante, salvo que ofrezcas una consideración adicional por la extensión del plazo.

Puntos clave. Para generar un contrato vinculante o cuando negocias una enmienda a un contrato, asegúrate de que ambas partes renuncien a algo, a fin de satisfacer el requisito de la consideración.

3. Mantenerse dentro de la ley

Un contrato que tiene por objeto la violación de una ley no es susceptible de ser exigible. En muchos casos, como por ejemplo en un contrato de venta de drogas ilegales, este elemento es fácilmente comprensible. Pero en otras situaciones, en caso de infracción de normas de orden público, el ordenamiento jurídico resulta más complejo.

Supongamos que tu empresa decide proteger su información confidencial implementando una política que exige la firma, por parte de los actuales empleados, de un acuerdo de "no- competencia". Estos acuerdos establecen que los empleados no pueden trabajar para un competidor dentro de los tres años contados desde la fecha en que te desvinculas de tu empresa.

Los distintos estados difieren en cuanto a la legalidad y exigibilidad de estos acuerdos de no-competencia. En algunos estados estos acuerdos podrían ser considerados ilegales porque restringen la capacidad de los empleados de obtener trabajo. Aún cuando fuera considerado legal, en los países del Common Law el elemento de la "consideration" le requeriría a tu empresa que ofreciese algo a sus empleados, como contraprestación por haberles solicitado la firma de dicho acuerdo de no-competencia.

Puntos clave. Los contratos ilegales no son exigibles, así como tampoco lo son los contratos que violan normas de orden público.

4. Redactar el acuerdo por escrito

Este requisito suscita inquietudes complejas durante la negociación. En ambos sistemas legales, Derecho Civil y Common Law, los ordenamientos jurídicos nacionales establecen que determinados contratos deben ser celebrados por escrito. A continuación se mencionan algunos ejemplos típicos de conformidad con la legislación de los Estados Unidos:

• Contratos de compra-venta de bienes inmuebles.

• Garantías de deuda de terceros.

• Acuerdos efectuados por el albacea o administrador de

una sucesión.

- Compromisos en el marco de una promesa de matrimonio.

- Acuerdos que no pueden ser ejecutados dentro del plazo de un año.

- Venta de mercaderías por más de $500.

Estas reglas pueden generar un riesgo financiero de importancia cuando asumes erróneamente que tu acuerdo debe ser hecho por escrito. Por ejemplo, podrías perder una oportunidad de negocio por pensar que un acuerdo verbal era vinculante, en una situación donde la ley exige un contrato por escrito. O bien, podrías estar generando una responsabilidad inesperada porque pensaste que tu acuerdo verbal no era vinculante, en una situación en la que no era necesario que el contrato fuese instrumentado por escrito.

En consecuencia, nunca deberías comenzar una negociación contractual sin antes tener claro las reglas sobre si la forma escrita es exigida o no. Tu conocimiento de la ley debería integrarse con una estrategia práctica: durante la negociación de contratos importantes, deja en claro que no estás asumiendo ninguna obligación hasta que se celebre un acuerdo por escrito.

Podemos mencionar dos razones que justifican dicha recomendación. En primer término, al redactar tu acuerdo por escrito, no tendrás que preocuparte sobre las normas jurídicas complejas que determinan si el acuerdo debe ser hecho por escrito.

En segundo lugar, evitarás las consecuencias derivadas de posibles fallas de memoria. Aún cuando la ley autorice contratos verbales, las dos partes de un contrato siempre tendrán diferentes recuerdos sobre los detalles de su negociación y del acuerdo. Podrán existir diferentes opiniones respecto de la fecha de entrada en vigencia del contrato, su plazo, o el modo de extinción del mismo, etc. Estos problemas de memoria son sorteados cuando se celebra un contrato por escrito. Como lo advierte un proverbio chino, aún la tinta más tenue es preferible a la mejor memoria.

Principio de la prueba oral. Un riesgo adicional surge cuando tu acuerdo adquiere forma escrita. Para ilustrar este riesgo, supongamos que acabas de ser contratado por una empresa en una ciudad distante a la tuya. Durante la negociación, la empresa promete pagar tus costos de mudanza, pero cuando el acuerdo es redactado y plasmado por escrito, este compromiso no es incluido. ¿Tienes derecho a exigir el pago de los costos de mudanza en el caso que la empresa reconozca que efectuó esa promesa?

Si bien la legislación varía de país en país, de conformidad con la ley de los Estados Unidos y de muchas otras naciones, el principio de la prueba oral establece que una vez que hayas puesto tu acuerdo por escrito, las pruebas de acuerdos contemporáneos o anteriores (como la de la promesa de la empresa de pagar tus costos de mudanza) no pueden ser utilizadas como medios probatorios si decides entablar acciones legales contra la empresa.

Esta regla tiene sentido, ya que durante una negociación ambas partes pueden intercambiarse promesas parciales y arribar a varios pre-acuerdos, que luego dejan de lado y no son incluidos en el contrato final. Si fuesen autorizados a aportar en juicio la prueba de estos acuerdos, los tribunales estarían en todo momento revisando e intentando desenmarañar los detalles de lo que pasó en cada paso de la negociación.

Aún cuando negocias un acuerdo en un país que no ha adoptado el principio de la prueba oral, es probable que tu contrato incluya una cláusula por la cual se pacte que esta regla es aplicable. Se trata de las cláusulas que se incorporan al contrato bajo distintos nombres en inglés: "merger clause", "entire agreement", etc. y, en español, como "integridad del contrato".

Es de buena práctica incorporar una de estas provisiones aún cuando se negocia en un país donde se ha adoptado la regla, puesto que la misma podría no ser aplicable en todas las situaciones. Por ejemplo, los Estados Unidos han adoptado la Convención sobre contratos de compra-venta internacional de mercaderías (CISG), la cual no reconoce expresamente el principio. Si celebras, entonces, un contrato de compra-venta internacional de mercaderías regido por la CISG, las pruebas de acuerdos anteriores pueden ser admisibles en la corte, salvo que incluyas una cláusula de integridad que expresamente establezca que toda prueba fuera del contrato escrito no será admitida.

Como ejemplo de una provisión contractual típica (de los archivos de la SEC de los EEUU), podemos mencionar el siguiente: en enero de 2012 el fundador de Facebook, Mark Zuckerberg, firmó un acuerdo por el cual se enmendó un contrato de trabajo anterior, designándose a él como presidente y director ejecutivo de la organización. El acuerdo contenía las siguientes provisiones contractuales estándar:

1. *Remuneración.* Salario básico de $500.000, más un bono (por cierto, se estima que Zuckerberg contaba, a valores del 2014, con un patrimonio de aproximadamente $33 mil millones. Cuando se firmó el contrato, era propietario de casi el 28% del capital de Facebook).
2. *Beneficios.* Hasta 21 días de vacaciones pagas por año.
3. *Acuerdo de confidencialidad.* Se hace referencia a un acuerdo de confidencialidad y cesión de derechos intelectuales sobre inventos, por separado.
4. *Prohibición de conflictos de interés.* Quedan prohibidos todos los acuerdos, orales o escritos, que entren en conflicto con la política de la empresa.
5. *Actividades externas.* Sin el consentimiento de la empresa, no están permitidas otras actividades comerciales fuera de esta relación de empleo.
6. *Obligaciones generales de Zuckerberg.* Honestidad, integridad, lealtad y profesionalismo.
7. *Empleo "a voluntad".* Puede ser despedido en cualquier

momento.

8. *Retenciones.* La remuneración es pagada luego de deducir las retenciones por impuestos correspondientes.

El contrato concluía con el siguiente párrafo: "Este acuerdo invalida y reemplaza todo otro acuerdo o entendimiento anterior, sea oral, escrito o tácito, entre Usted y la empresa, en relación a los asuntos considerados en este documento". A través de esta declaración, Zuckerberg y Facebook estaban admitiendo la aplicación del principio de la prueba oral.

Forma escrita. Los contratos no deben necesariamente estar impresos en un documento formal que lleve por título la palabra "Contrato", en su encabezado. Cualquier palabra o referencia que se utilice será suficiente. Supongamos que dos personas estaban tomando unos tragos en un restaurante. Una de ellas, Lucy, le ofreció a Zehmer comprarle su granja de 191 hectáreas por $50.000. Zehmer aceptó la oferta y escribió en un formulario de pedido del restaurante: "Por el presente acordamos vender a W.O. Lucy la totalidad de la granja Ferguson por la suma de $50.000, transfiriendo la titularidad de la misma al comprador". Zehmer y su esposa firmaron ese documento.

Luego Zehmer incumplió el acuerdo, invocando que pensaba que Lucy estaba haciendo una broma. Además argumentó que "estaba muy ebrio" y que la negociación fue entre "dos malditos borrachos que competían para ver quién hablaba más alto". El tribunal resolvió que Zehmen debía entregar su granja, puesto que tal documento era un contrato válido, haciendo referencia a una variedad de factores que fueron considerados como evidencias de que la intención de las partes era, precisamente, concluir una transacción comercial seria y celebrar un contrato plenamente válido (*Lucy contra Zehmer*, 84 S.E.2d 516).

Puntos clave. Aún cuando se exige un contrato por escrito, como en la compra-venta inmobiliaria, un documento escrito informal puede ser considerado tan vinculante como un documento formal.

Términos implícitos. Sea tu contrato oral o escrito, además pueden existir ciertos términos implícitos, impuestos por la ley. Por ejemplo, supongamos que te acabas de mudar a los Estados Unidos. Unos amigos te quieren como receptor en su equipo de béisbol y te cuentan acerca del "knuckleball" (lanzamiento en el que la pelota describe una trayectoria impredecible) que el "pitcher" es capaz de hacer. Nunca has jugado al béisbol y no tienes idea de qué se trata.

Te enteras de que un buen entrenador de béisbol de una universidad local ha organizado una feria americana y que está vendiendo, en su garage, equipamiento para jugar a dicho deporte. Vas a la feria sabiendo que el vendedor es un entrenador de béisbol y entonces le cuentas que necesitas un guante de receptor con el que puedas atrapar "knuckleballs". El entrenador te muestra un guante mientras comenta que es el único que tiene a la venta. Entonces decides negociar el precio. Luego de comprarlo, descubres que el guante es demasiado pequeño para atrapar knuckleballs. ¿Puedes demandar al entrenador por incumplimiento de contrato?

A pesar de que nunca se discutió durante la negociación, el UCC (Código de Comercio Uniforme, legislación aplicable a la venta de mercaderías) dispone que en estas circunstancias, el vendedor (el entrenador) te otorga a ti, como comprador, una garantía implícita de que el producto vendido satisface el propósito particular por el cual lo necesitas, en este caso, atrapar knuckleballs. El entrenador ha incumplido esta garantía implícita.

Puntos clave. Tener en mente que tu acuerdo puede incluir algunos términos implícitos, establecidos por la ley, aún cuando los mismos no se hayan discutido durante la negociación.

9 Ve más allá de las formalidades legales para crear valor

Como lo hemos visto en el capítulo 8, podemos definir al contrato como un acuerdo exigible legalmente. Los contratos comerciales son generalmente redactados de modo que sean acuerdos de generación de valor, cuya ejecución puede ser exigida por la ley. Por ejemplo, cuando firmas un contrato con un proveedor, partes de la base de que su producto te permitirá incrementar el valor de tus propios productos.

Los abogados suelen concentrarse en el aspecto de la exigibilidad del contrato. Su objetivo es construir acuerdos legalmente perfectos, fácilmente ejecutables, minimizando así el riesgo legal. No nos sorprende en absoluto la orientación de los abogados, en función de su mentalidad. Ellos están entrenados para observar los contratos con los ojos de un juez que eventualmente resolvería una disputa contractual. Por lo tanto, un buen contrato, desde la perspectiva de los abogados, es aquel que minimiza el riesgo del cliente y es fácilmente ejecutable en los tribunales.

Si bien la "exigibilidad por aplicación de la ley" es una parte fundamental de la definición del contrato comercial y, por ende, no puede ser ignorada, debe existir un equilibrio entre ella y el otro aspecto del concepto, esto es, la "creación de valor". En otros términos, los negocios requieren que sus acuerdos sean exigibles, pero también demandan contratos que ayuden a alcanzar los objetivos comerciales. Se ve así, al contrato, como una herramienta dual: legal y de gestión. Tal como lo apuntan en su libro

"*Contracts: Exchange Transactions and Relations*", Ian Macneil y Paul Gudel: "sólo los abogados y otros profesionales con orientación a los problemas consideran a los contratos fundamentalmente como una fuente de disputas o conflictos, en lugar de un modo posible de la consecución de los objetivos".

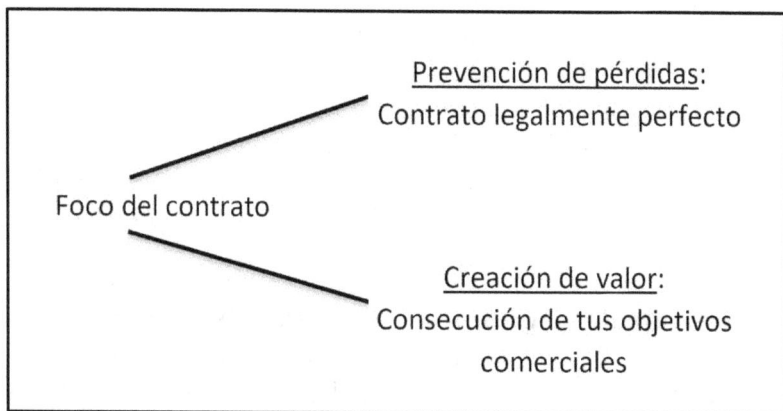

```
                        Prevención de pérdidas:
                        Contrato legalmente perfecto

Foco del contrato

                        Creación de valor:
                        Consecución de tus objetivos
                        comerciales
```

Este capítulo se centrará en dos enfoques que pueden ser utilizados para conciliar las diferencias entre los objetivos comerciales y legales de un contrato: por un lado, analizaremos la llamada estrategia "austera" en materia de contratación, que tendrá por fin remodelar el contenido de los contratos y, por el otro, la "visualización", la cual es un esquema ideal para hacer los conceptos jurídicos más entendibles, como veremos más adelante.

Simplifica tus contratos con un proceso "austero" de contratación

Una estrategia austera de contratación permite que los gerentes se reposicionen, junto a sus abogados, en torno a la creación de valor, minimizando la complejidad legal en sus contratos. Esta estrategia consiste en aplicar conceptos simples a la elaboración y creación de contratos, preguntándonos a nosotros mismos si los estos pueden ser simplificados mediante el examen de costo-beneficio en cada cláusula.

Por ejemplo, el equipo de legales de la empresa cervecera Scottish & Newcastle advirtió que los recursos de la compañía estaban siendo mal utilizados en el proceso de negociación contractual. Por ello, desarrollaron lo que finalmente denominaron "el enfoque del Pathclearer" de la contratación comercial, el cual, siendo una variante de la contratación austera, ilustra los beneficios que posiblemente puedan obtenerse al reorientar la estrategia de contratación. Salvo que se indique lo contrario, todas las referencias mencionadas en este capítulo sobre este enfoque, corresponden a un artículo de Weatherley, que mucho recomendamos, titulado: "Pathclearer, a more commercial approach to drafting commercial contracts", (en *PLC Law Department Quarterly*, de octubre-diciembre de 2005).

El propósito de un contrato. Los abogados basaron su análisis formulándose tres preguntas fundamentales. La primera de ellas: ¿cuál es el propósito de un contrato? Para responder esta pregunta, utilizaron la siguiente definición tradicional del contrato legal:

> El único propósito de un contrato... es asegurarse de que los derechos y obligaciones contraídas por cada una de las partes puedan ser exigidos en juicio o ante un tribunal arbitral, en caso de incumplimiento. Para decirlo más claramente, es de la esencia del contrato su capacidad para exigirle al otro que haga algo que no quiere hacer o, en su defecto, obtener de él una compensación por tal incumplimiento.

Teniendo en consideración esta definición, los abogados se dieron cuenta de que determinadas cláusulas, tales como las especificaciones respecto del producto, deberían estar siempre predeterminadas y por escrito, como así también ciertas modalidades contractuales, como la "compra-venta de acciones, préstamos y garantías", requieren contratos escritos detallados.

Pero también descubrieron otras cosas en el marco de distintas situaciones como, por ejemplo, tras una llamada de un cliente de hace años, reclamando mayor flexibilidad en los términos legales.

Advirtieron entonces que en circunstancias determinadas, no resulta atractivo mantener una relación contractual con socios comerciales como estos que, o bien no están dispuestos a cumplir voluntariamente sus prestaciones, o las cumplen a regañadientes, o termina siendo necesario un proceso judicial para exigir la prestación debida.

Concluyeron que, al establecerse las prestaciones de las partes en los contratos, "es aconsejable que las relaciones de larga data den paso a las condiciones libres del mercado". En otros términos, la libertad en el mercado debería imponerse sobre la clásica teoría de la autonomía de la voluntad de las partes en un contrato (propia de los contratos escritos detallados).

Desventajas de los tradicionales contratos escritos detallados. La segunda de las tres preguntas esenciales de los abogados se refería a los riesgos vinculados con los contratos tradicionales. "¿Cuáles son las desventajas de los tradicionales contratos escritos detallados?". Al formularse esta interrogación, los abogados internos arribaron a seis conclusiones interesantes.

1. *Intentos costosos e ilusorios de garantizar seguridad.* "La aparente seguridad y protección que brinda un contrato escrito detallado... es, a menudo, ilusoria", al mismo tiempo que costosa para las empresas, que pagan a sus abogados, primero, por la redacción de contratos que sólo los abogados entienden y, luego, para interpretar lo que los contratos quisieron decir.

El equipo de legales observó "intentos estrafalarios" de otros abogados tratando de garantizar seguridad y certidumbre. Por ejemplo, los abogados externos dedicaron muchas horas redactando y discutiendo la precisa definición legal de "cerveza", a los fines de insertarla en un simple contrato de suministro (de cervezas). El equipo de legales también reconoció la inutilidad de tratar de pronosticar el futuro.

2. *Resolución de disputas.* Los contratos detallados pueden provocar la resolución de disputas.

> Sin un contrato detallado, aquellos hombres de negocios que se viesen involucrados en una disputa, normalmente discutirían el problema y arribarían a un acuerdo acerca de cómo resolver el mismo... Por el contrario, de existir un contrato detallado, las mismas partes se sentirían obligadas a consultar a sus respectivos abogados.

Esta conclusión me recuerda una conversación reciente con un CEO, para quien el único propósito de un contrato es generar un derecho a demandar judicialmente. Al suscitarse disputas entre su empresa y los clientes de ésta, recomendó a su plantel ignorar el contrato y encontrar directamente una solución que satisficiera las necesidades de los clientes.

3. *Complejidad.* La complejidad de los contratos genera confusión y crea el riesgo de que las partes no sean capaces de concentrarse en los términos fundamentales, ya que "los árboles no dejan ver el bosque".

4. *Términos innecesarios.* Los principios generales del Derecho Contractual proporcionan una solución intermedia y justa a la mayoría de los problemas. "Lo bueno de dejar simplemente todo librado al Derecho en general, en lugar de tratar de llegar a un acuerdo comercial (un contrato detallado) en el que se deje todo establecido por escrito y de antemano, es que de este modo no es necesario negociar las cláusulas que no son esenciales en esta operación en particular".

5. *Gastos*. Negociar contratos escritos detallados es oneroso en relación a los tiempos de gestión en la empresa, los tiempos de los asesores legales externos que se contratan y los retrasos en las oportunidades de negocio.

6. *Foco erróneo*. Los contratos escritos detallados pueden causar que las partes se focalicen "en el peor de los escenarios posibles" que "finalmente traigan aparejado el deterioro de las relaciones... Continuar relaciones comerciales de este modo es comparable con las mariposas, las que son casi imperceptibles y difíciles de capturar. Al tratar de capturarlas, uno puede matarlas en el intento".

Los abogados deben haber agregado a esta lista las inquietudes que surgen cuando se negocia con personas de otras culturas. Como fue tratado en el capítulo 5, en países como China, desarrollar una relación con alguien de tu confianza es más importante que tratar de cubrir todas las posibilidades en un contrato extenso.

Estudios realizados por la asociación internacional líder en materia de gestión de contratos comerciales, la IACCM (siglas en inglés de "International Association for Contract & Commercial Management") confirman la perspectiva de los abogados escoceses. La IACCM realiza una encuesta anual entre sus miles de miembros, provenientes de países tanto del Common Law como del Derecho Civil, para determinar qué cláusulas contractuales son las más negociadas y cuáles las más importantes. Sorprendentemente, los resultados respectivos no son congruentes, ya que las cinco cláusulas "más negociadas" en los recientes años (2009 a 2013/2014) son:

1. Limitación de responsabilidad.
2. Precios y ajustes en el precio.
3. Indemnización.
4. Propiedad intelectual.
5. Pago.

Ninguna de estas cláusulas se encuentran entre las cláusulas "más importantes", de la lista más reciente (2013/2014):

1. Alcance y objetivos.
2. Responsabilidades de las partes.
3. Gestión del cambio.
4. Entrega y aceptación.
5. Comunicaciones y notificaciones.

Un informe sobre los resultados de la encuesta ("*2013/2014 Top Terms*") concluyó que:

> Muchas negociaciones entre empresas están dominadas por discusiones sobre temas financieros (precio y pago) y asignación de riesgos (responsabilidades, indemnizaciones, seguridad en los datos, evaluación de desempeño, cláusula penal)... No contribuyen en absoluto, ni apuntan a un abordaje de beneficio mutuo ("win-win") que todo negociador pregona preferir. En encuestas anteriores, casi el 80% de los participantes declaró que el foco de sus negociaciones no les trae aparejado el mejor resultado para ninguna de las partes.

Otros modos de alcanzar los objetivos comerciales. La tercer y última pregunta formulada por el equipo de legales es si existen o no otros modos para alcanzar los objetivos comerciales sin los contratos escritos detallados. Los abogados de Scottish & Newcastle respondieron afirmativamente esta pregunta, haciendo hincapié en el concepto de la "afinidad comercial".

La afinidad comercial es la fuerza que mantiene a las partes unidas, conservando relaciones comerciales recíprocamente beneficiosas para ambas. La armonización de los intereses de las partes a través de incentivos cuidadosamente construidos, combinados con el derecho de cada parte de dejar sin efecto el acuerdo si el mismo deja de ser atractivo económicamente, los estimula para que cada uno colabore para que la otra parte satisfaga sus intereses y mitigue la necesidad de plasmar en un contrato innumerables derechos y obligaciones".

En suma, si bien no recomendaron un retorno definitivo a los acuerdos sellados con un apretón de manos, los abogados de Scottish & Newcastle tomaron conciencia de que es necesario adoptar una perspectiva diferente, "cuando las partes se encuentran unidas a través de una relación comercial continua". Por ejemplo, no hace falta explicar detalladamente en los contratos "los mecanismos de salida" (en caso de obligaciones de comprar determinados bienes del proveedor...)". Pero, al abordar las tres preguntas clave anteriormente explicadas, advirtieron que en muchas otras situaciones, era posible alcanzar contratos más austeros.

El "enfoque del Pathclearer" de la contratación comercial de la empresa en una relación comercial continua, se ve reflejada en un contrato austero negociado con un proveedor de servicios. Las dos partes originariamente tenían un contrato de 10 años de plazo y de 200 páginas de extensión. Durante la renegociación, se redujo sustancialmente dicho plazo en virtud del "enfoque del Patchclearer", otorgándole a cada parte la facultad de rescindir el contrato con un preaviso de 12 meses (un "botón nuclear" mutuo).

Al otorgarnos mutuamente la capacidad de extinguir el contrato en forma unilateral en cualquier momento, sorteamos la necesidad de tener que negociar cláusulas detalladas en el contrato... Es esta una excelente manera de influir sobre el proveedor de servicios, mucho más efectiva que entablar un debate técnico sobre si el proveedor está dando debido cumplimiento a las prestaciones pactadas en el contrato.

La siguiente imagen ilustra el contrato entre una cervecera estadounidense y uno de sus proveedores, un contrato de 23 páginas y 8 páginas de anexos.

Contrato de suministro entre Coors Brewery y un proveedor de botellas

El acuerdo:
23 páginas

Apéndices A-H

http://contracts.onecle.com/coors/rocky-mountain.supply.2003.08.01.shtml

Compara el contrato de Coors con un "contrato Pathclearer" con uno de sus proveedores, de una página y un apéndice.

Contrato de suministro de Scottish & Newcastle (botellas, etc.)

El acuerdo :
1 página + 1 apéndice

Pathclearer Supply Agreement, http://ld.practicallaw.com/0-201-3576

Utiliza la visualización para comprender tus negociaciones y contratos

Como lo muestra el diagrama del contrato, una imagen puede valer más que mil palabras. El uso de figuras, ilustraciones y toda otra forma de visualización te ayudará a tomar decisiones de manera más clara y asimismo a comprender los términos del contrato que estás negociando.

Visualizar las decisiones en una negociación. Si quieres hacer austeros tus contratos, deberías ser capaz de eliminar o, a lo sumo, suavizar ciertas provisiones que compliquen o encarezcan la negociación contractual. La visualización puede ayudarte a identificar estas provisiones.

Por ejemplo, una cláusula de indemnización en los contratos de Microsoft provocó que las negociaciones contractuales llevaran de 60 a 90 días más de lo normal ya que los clientes no aceptaban la indemnización requerida. Microsoft entonces flexibilizó la provisión contractual, suavizando la misma luego de advertir que los beneficios que traía la cláusula eran mínimos en comparación con los costos potenciales de reputación (derivados de negociaciones en controversias o litigios), costos de recursos (tiempo de gestión, gastos de abogados, etc.) y costos de flujo de fondos (causados por las ventas retrasadas debido a los dos o tres meses de la extensión de la negociación).

Al describir y comentar sobre estos costos, el CEO de la IACCM, Tim Cummins, afirmó que "la gestión del riesgo es como equilibrar consecuencia y probabilidad. Cuando la consecuencia es gestionada sin tener en cuenta la probabilidad, otros riesgos y exposiciones, tales como los costos de reputación y de recursos, se tornan inevitables" ("Best practices in commercial contracting", en su libro *A Proactive Approach*).

Los árboles de decisión, tal como se vio en el capítulo 3, son útiles para visualizar las decisiones y establecer el equilibrio entre el riesgo y la probabilidad como en el ejemplo de Microsoft. Supongamos que la cláusula contractual en cuestión le otorgaba a Microsoft una indemnización de $20 y existe un 1% de probabilidad de que la empresa pierda $20 millones e invoque la cláusula (esta probabilidad puede ser estimada sobre la base de la experiencia pasada. En la práctica, la probabilidad de la invocación de dicha cláusula es inferior al 1%).

Supongamos también que los tiempos de gestión y de asesores legales para negociar la indemnización, sumados a los costos de flujo de fondos derivados de las dilaciones en las ventas, ascienden a $1 millón, por el equivalente a los $20 millones de la póliza de seguro. En base a estos supuestos, ¿debería Microsoft pagar $1 millón por este "seguro"?

El siguiente árbol de decisión representa la probabilidad del 1 por ciento de que Microsoft pierda $20 millones, si retira la cláusula indemnizatoria, y la chance del 99 por ciento de que no pierda nada. Todo esto nos lleva a una cantidad esperada de -$200.000 (0.99 × 0 más 0.01 × $2 millones). Basados en estos valores y en las probabilidades que aquí hemos asumido (y no considerando su actitud hacia el riesgo), Microsoft tomó una decisión muy astuta al flexibilizar su postura en la negociación.

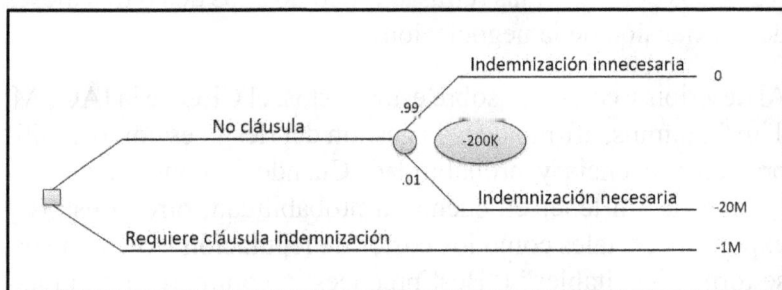

En este caso, hemos supuesto que los costos de la negociación de Microsoft eran de $1 millón. A veces, la pérdida de oportunidades debido a la lentitud de la negociación es aún más alta. Un reconocido abogado especializado en la industria del petróleo y gas me ha comentado que negoció la venta de una empresa que él representaba por $30 millones. La firma del contrato fue dilatada debido a que el estudio de abogados de la parte compradora insistía innecesariamente en una cláusula de indemnización en situaciones con baja probabilidad de ocurrencia. Cuando las negociaciones sobre esta cláusula iban avanzando, otro comprador ofreció pagar más de $100 millones. ¡El deseo del estudio de abogados de un contrato legal perfecto le costó a su cliente más de $70 millones!

Visualizar las provisiones contractuales y otros documentos legales. La visualización también puede ayudarte a comprender los términos de un contrato y de todo otro documento legal complejo. Así, los contratos suelen ser redactados con cláusulas como las siguientes, que sin duda requieren de habilidades cognitivas en el negociador:

Este contrato tendrá una validez inicial de tres (3) años, contados a partir de la fecha de la firma del mismo. Salvo que alguna de las partes notifique la resolución del contrato a la otra parte con un preaviso de al menos seis (6) meses antes de la caducidad del plazo de tres años, permanecerá en vigencia y podrá ser resuelto con un preaviso de al menos tres (3) meses. La notificación del preaviso deberá ser fehaciente y por escrito.

(Adaptado de "Framework Agreement for Purchasing Services", de Ruuki).

En el siguiente diagrama, los líderes del movimiento de la "visualización", Stefania Passera y Helena Haapio (quien es coautora frecuente de mis libros), se muestra cómo la visualización puede aclarar el significado de esta cláusula.

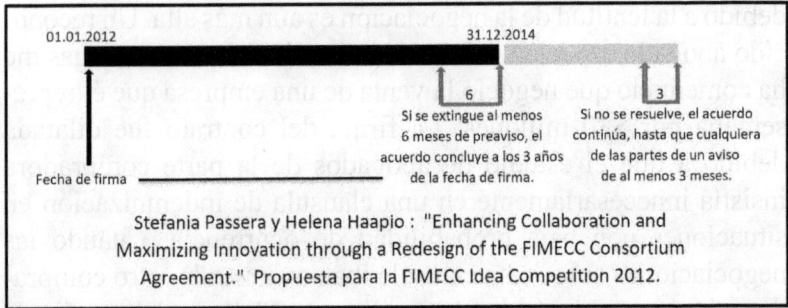

01.01.2012   31.12.2014

6
Si se extingue al menos
6 meses de preaviso, el
acuerdo concluye a los 3 años
Fecha de firma — de la fecha de firma.

3
Si no se resuelve, el acuerdo
continúa, hasta que cualquiera
de las partes de un aviso
de al menos 3 meses.

Stefania Passera y Helena Haapio : "Enhancing Collaboration and
Maximizing Innovation through a Redesign of the FIMECC Consortium
Agreement." Propuesta para la FIMECC Idea Competition 2012.

Otro ejemplo ilustra el valor de la utilización de la visualización en otros documentos legales complejos. En el año 2013 Helena Haapio me invitó al "Legal Design Jam", una sesión de diseño legal para visualizar la política de marcas de la Fundación Wikimedia. Helena coordinó el evento, junto a Stefania Passera, Margaret Hagen de Stanford y Yana Welinder, asesora legal de la fundación. Participaron también diseñadores y abogados.

Antes de este intento, la política de marcas tenía el formato de un típico documento legal, densamente escrito y muy extenso. El resultado final del "Legal Design Jam" fue una nueva política actualizada y revisada, clara y visualizable en colores: http://wikimediafoundation.org/wiki/Trademark_policy.

En esta página web, se recurre a una tilde verde para señalar situaciones en las que los usuarios pueden utilizar marcas libremente (como por ejemplo cuando se hace referencia a los sitios de Wikimedia en trabajos literarios). Un signo de interrogación naranja es utilizado para los supuestos en los que se requiere previa autorización (al querer "usar el logo de Wikipedia en una película") y, finalmente, con una cruz roja se indican los usos prohibidos (crear una nueva página web imitando y reproduciendo totalmente un sitio de Wikimedia).

Puntos clave. El uso de la visualización a través de árboles de decisión, figuras, diagramas, ilustraciones y colores puede clarificar tus decisiones en la negociación, así como tu comprensión

Ve más allá de las formalidades legales para crear valor

de documentos legales complejos.

IV EMPRENDE EL FINAL DE TU JUEGO

10 Ejecuta y evalúa tu contrato

Sin duda, la mayoría de los contratos son cumplidos sin complicaciones. Nuestro foco en este capítulo se centrará en situaciones en las que surgen dificultades en su etapa de ejecución. Nos concentraremos en las distintas alternativas al litigio, diseñadas para evitar que tú y la otra parte tengan que recurrir a los tribunales. Como lo anticipamos en el capítulo 2, estas variantes caen bajo la denominación general de "resolución alternativa de disputas" ("ADR", siglas en inglés).

Resulta esencial comprender los procesos de ADR por tres motivos. Primero, como parte de una negociación comercial, debes decidir si incluyes o no la discusión de las ADR en tus negociaciones contractuales. Para comprender lo que negocias, deberías entender previamente los conceptos fundamentales de los dos procesos de ADR clave: mediación y arbitraje.

Aún cuando tu abogado esté involucrado en el proceso, deberías tomar tú las riendas de la negociación de las cláusulas sobre ADR. Según un estudio, aproximadamente una tercera parte de los abogados "nunca recomendó a sus clientes que intentasen la mediación o el arbitraje" ("Attorneys' Use of ADR is Crucial to Their Willingness to Recommend It to Clients", en *Dispute Resolution Magazine*, del año 2000). Lo siguiente es lo que el conocido abogado litigante Joe Jamail dijo sobre la mediación: "Yo soy un abogado de juicios… Hay otros abogados que no hacen más que esa porquería de la mediación. ¿Sabes cuál es la raíz etimológica de mediación? ¡Mediocridad!" ("Lions of the Trial Bar", en el *ABA Journal*, de marzo de 2009).

Por otro lado, hay muchos otros tantos abogados que propician los procedimientos de ADR. Quizás Ghandi lo ha dicho mejor:

Mi felicidad es infinita. Había aprendido la práctica efectiva de la ley. Había aprendido a descubrir la mejor cara de la naturaleza humana y llegar a los corazones de los hombres. Y me di cuenta de que la función real de un abogado era la de unir a las partes... Tanto me marcó esta lección, que terminé dedicando una buena parte de mi tiempo, en los últimos 20 años de mi práctica de abogado, tratando de arribar a acuerdos privados en cientos de casos. De esa manera, no perdí nada, ni dinero, ni mucho menos mi alma.

(Gandhi, "An Autobiography: The Story of My Experiments With Truth").

La segunda razón por la cual es esencial la comprensión de los procesos de ADR es que si surge una disputa sobre el desempeño del contrato, sin duda tendrás que tomar parte en este tipo de proceso. Si has acordado un arbitraje, participarás en la elección del árbitro, deberás decidir si necesitas o no un abogado, deberás también saber si puedes o no apelar la decisión del árbitro, etc.

Y finalmente, a lo largo de tu vida personal y de tu carrera profesional o comercial, a menudo actuarás como tercero al resolver conflictos en el trabajo o disputas familiares. Como mínimo, deberías ser capaz de decidir con fundamento si es mejor desempeñar el rol del árbitro, o si tiene sentido actuar bajo la figura del mediador.

Este capítulo se inicia con un tema que a veces es olvidado en la discusión de las ADR: la prevención de las disputas. Luego nos dedicaremos a los dos procesos clave de ADR, arbitraje y mediación, además de analizar las herramientas de ADR que pueden ser utilizadas para la implementación de estos procesos. El capítulo concluye con una revisión de conceptos que te será de utilidad para evaluar y mejorar tus negociaciones.

PREVIENE DISPUTAS

La prevención de disputas consiste en el pronóstico de lo que la gente haría, mas no de cómo los tribunales decidirían el caso. En palabras del profesor Edward Dauer: "El principio general del Derecho Preventivo nos enseña que muchas veces es más importante predecir lo que la gente hará que lo que una corte resolverá" (*Corporate Dispute Management*). Los orígenes de este principio fueron apuntados por el filósofo francés Voltaire, quien, con cierta pena, sostuvo: "Solamente me arruiné dos veces: una vez cuando perdí un pleito, y otra vez cuando gané otro pleito..."

Hace unos años, tuve una experiencia de primera mano con la prevención disputas, luego de pasar una noche en el hotel Marriot en Texas. Había viajado para dar un seminario jurídico a un grupo de ejecutivos corporativos a la mañana siguiente, por lo que solicité en la recepción del hotel que me despertaran a una hora determinada. Nunca me llamaron.

Al hacer el "check-out", hice referencia a la situación (que no me habían despertado) en un formulario de opinión sobre los servicios del hotel. Al cabo de un par de semanas, el presidente del Marriot, Bill Marriot, me envió una carta personal a mi domicilio en Stanford, California, donde estaba en ese momento dando clases. En la nota, me pidió disculpas por el incidente y notificó que había pedido al gerente general del hotel que investigara el problema.

Diferente fue la postura adoptada por otro hotel, ante un incidente trágico famoso, en el que la estrella internacional Connie Francis fue víctima de una violación cometida por un intruso, mientras se hospedaba en el Howard Johnson Motor Lodge. Su reacción fue: "Nunca recibí una nota del Señor Howard B. Johnson diciendo 'Lamentamos lo sucedido'. Luego del shock, estaba muy enfadada" (en el *New York Times* del 2 de julio de 1976). Luego del enojo, demandó al hotel y finalmente ganó $2.5 millones.

Aquí solo podemos especular por qué el hotel nunca tomó contacto con Connie Francis. Pensamos que, quizás, los directivos de la compañía siguieron el criterio tradicional, consultando a sus abogados sobre si eran susceptibles de ser imputados de responsabilidad en juicio, poniendo el foco en lo que la corte opinaría. Los abogados probablemente hayan respondido que el hotel no debería ser imputado por los actos de un tercero (por lo menos, según la ley vigente en ese momento). Podrán haber ido más allá, asesorando a la alta dirección de la empresa hotelera en el sentido de no contactar a la cantante ni hacer ninguna otra cosa que fuera tomada como evidencia de que efectivamente, el hotel, era responsable. Este era el enfoque tradicional, que difiere sustancialmente de la postura del Marriott.

Los dos ejemplos ilustran situaciones donde los hoteles aplicaron (el Marriott), o no (el Howard Johnson), un enfoque de Derecho Preventivo *una vez ocurrido* el problema. También puedes aplicar tal criterio en tus contratos, *antes* de que se produzca el incidente. Por ejemplo, un proceso llamado de "colaboración" es utilizado en la industria de la construcción. Si bien existen distintas variantes, el siguiente es el formato usual, descripto en *The Construction Industry's Guide to Dispute Avoidance and Resolution*, publicado por la AAA (American Arbitration Association).

Representantes de las partes involucradas en el proyecto concurrieron a seminarios y talleres de pre-construcción para conocerse personalmente y compartir ideas y preocupaciones. Unos facilitadores neutrales moderaron las discusiones sobre el proyecto en general y los objetivos individuales en particular, coordinando asimismo la agenda del taller. Durante estas reuniones los participantes desarrollaron modos de identificar riesgos susceptibles de obstaculizar el éxito del proyecto. Desarrollaron métodos para evitar, controlar y superar posibles fuentes de conflicto. Como resultado final, se firmó un acuerdo conjunto entre todos los participantes del taller, a través del cual se establecieron claramente los objetivos y el compromiso que cada uno asumió para con el proyecto.

Puntos clave. Durante las negociaciones, considera incluir una cláusula en tus contratos relativa a la prevención de disputas.

UTILIZA EL ARBITRAJE PARA RESOLVER DISPUTAS CONTRACTUALES

Comencemos analizando el primero de los dos procesos básicos de ADR, el arbitraje. Las convenciones hechas en los contratos en relación a la resolución de disputas a través del arbitraje, se plasman, sin notarlo, en nuestras vidas personales y en nuestras actividades cotidianas. Si usas tu tarjeta de crédito, contratas el seguro de tu coche, compras acciones, usas eBay o Amazon, es probable que estés acordando diariamente someter tus disputas al arbitraje. Por ejemplo, mi acuerdo de arbitraje (y el tuyo también) con Amazon, establece:

> Cualquier disputa o reclamación vinculada de alguna manera con el uso de cualquier servicio proporcionado por Amazon, o de cualquier producto o servicio vendido o distribuido por Amazon o través de Amazon.com, será resuelto por decisión vinculante de un árbitro, y no por los tribunales competentes... No hay juez ni jurado en el arbitraje, siendo limitada la revisión judicial del laudo arbitral.

Además de los acuerdos con consumidores, el arbitraje es un proceso común de resolución de disputas comerciales y hasta se recurre a él para resolver controversias con gobiernos. En el año 2014, un tribunal de arbitraje internacional decidió que Rusia debía pagar $50 mil millones a los accionistas de Yukos en concepto de indemnización por la confiscación de bienes de la empresa ("Now Try Collecting", en el *Economist* del 2 de agosto de 2014).

El proceso de arbitraje

Tal como se indica en *A Guide to Mediation and Arbitration for Business People* (AAA), el proceso de arbitraje, por lo general, sigue una secuencia.

Acuerdo. En la mayoría de los casos, el arbitraje no es utilizado, salvo que hayas acordado previamente este proceso. Puedes pactarlo cuando celebras un contrato, como en el ejemplo de Amazon, o puedes convenirlo una vez que la disputa haya surgido.

Elección de un árbitro. Tu contrato puede establecer que una asociación, como la "American Arbitration Association", proporcionará una lista de posibles árbitros registrados en dicha asociación. Si tú y la otra parte no se ponen de acuerdo sobre un árbitro determinado de la lista, la AAA puede designar uno en reemplazo.

También puedes aplicar un criterio más informal al elegir tu árbitro. Si estas creando una sociedad comercial o acuerdo de colaboración con otra persona, por ejemplo, podrías pactar en el contrato que en caso de disputa, cada uno designará un árbitro, y estos dos árbitros finalmente elegirán al tercero.

Audiencia y laudo. La audiencia de arbitraje es similar a una audiencia judicial. Deberás decidir si te haces representar por un abogado. El árbitro tiene el poder de citar a testigos, si lo considera necesario. La audiencia comienza con una declaración de apertura, seguida del interrogatorio y repreguntas a testigos, concluyendo con una declaración de cierre.

A diferencia del proceso judicial, la audiencia arbitral es privada y el árbitro priorizará el sentido común por sobre las reglas técnicas formales o de procedimiento, para decidir si una prueba es o no relevante para la resolución del caso.

Luego de la audiencia, el árbitro dictará una decisión (laudo arbitral). Aunque no siempre ocurre ello, el árbitro puede tomar su decisión sin emitir una opinión que explique los fundamentos de la decisión. Si la parte vencida no cumple la condena establecida en el laudo, la decisión podrá ser exigible ante un tribunal.

Apelaciones

Debido a que el orden público demanda laudos arbitrales irrevocables (con la naturaleza de resoluciones de carácter definitivo), la posibilidad de apelar un laudo y recurrir a los órganos judiciales es muy limitada. Si bien siempre los tribunales podrán revocar un laudo en el supuesto de encontrarse al árbitro culpable de hechos de corrupción o fraude, generalmente no intervendrán, aún cuando se pruebe que el árbitro ha incurrido en un error de hecho o de derecho.

Este principio de la irrevocabilidad fue expuesto por un tribunal de California en el caso *Palo Alto contra Service Employees International Union* (91 Cal. Rptr.2d 500). Un empleado municipal de Palo Alto amenazó a unos compañeros de trabajo del ayuntamiento con actos de violencia física, llegando aún a amenazarlos con dispararles. Los empleados no le dieron importancia a dicha amenazas, suponiendo que no eran más que una broma. El empleado también dijo que podría matar a alguien desde una distancia de 550 metros. Era dueño de 18 rifles y pistolas y tenía una placa personalizada en su coche que rezaba "shoot" (disparar).

Tras un conflicto, el empleado en cuestión amenazó con dispararle a otro empleado, su mujer y su bebé, lo cual culminó con su arresto por amenazas, declarándose finalmente culpable de perturbar el orden público. El ayuntamiento asimismo logró la traba de una medida cautelar por la que se le prohibió al empleado tener todo tipo de contacto con la persona a la que había amenazado, a la vez que decidió extinguir su relación laboral.

La decisión del ayuntamiento luego fue considerada por un árbitro, tal como está permitido por el convenio colectivo de trabajo aplicable. El árbitro decidió, entre otros puntos, que las amenazas eran "cosas que se dicen normalmente 'entre hombres' ", que eran toleradas en el lugar de trabajo y no eran genuinas. En consecuencia, decretó la restitución del empleado a su posición de trabajo, ordenándole al ayuntamiento el pago de los sueldos que aquel había dejado de percibir.

Al ser apelado el laudo, el tribunal citó el precedente según el cual "la revisión judicial de los laudos arbitrales es extremadamente restrictiva" y "la decisión de un árbitro generalmente no es susceptible de ser revisada por errores de hecho o de derecho, aún cuando ello sea muy injusto para las partes". No obstante, en un giro poco usual, el tribunal finalmente decidió que, en este caso en particular, el empleado no podía ser reest-ablecido en su posición en razón de la medida cautelar anteriormente decretada.

Si quieres recurrir al arbitraje pero te preocupa poner tanto poder en manos de un árbitro cuya decisión no podrá ser recurrida, puedes intentar negociar y pactar un procedimiento de apelación. Así, por ejemplo, a partir de noviembre de 2013, la "American Arbitration Association" adoptó las normas que permiten una apelación a un cuerpo colegiado de árbitros que está legitimado para revisar "errores de derecho que sean sustanciales y perjudiciales, y determinaciones fácticas que sean categóricamente erróneas" (*Optional Appellate Arbitration Rules*, de la AAA).

Conoce los costos del arbitraje

Los negociadores recurren con frecuencia a los pactos de arbitraje en sus contratos a fin de reducir costos. Sin embargo, ciertos aspectos del arbitraje pueden resultar más costosos aún que el litigio. En base a estimaciones de costos efectuadas por expertos de Texas, Florida y Pensilvania, el arbitraje de una disputa en la construcción de $600.000 costaría $25.400 en concepto de gastos de inicio, costos del servicio y honorarios del árbitro. El importe análogo en caso de litigio ascendería a un total de $300, sólo por gastos de inicio, ya que no se devenga costo alguno por el servicio ni en concepto de honorarios para los jueces.

Sin embargo, los costos legales totales serían $120.300 comparados con los $94.500 del arbitraje. Una razón es que los honorarios legales en el litigio son más costosos. Solamente los relativos a los preparación y comparecencia a la audiencia son $12.000 más que los correspondientes a una audiencia arbitral. Y una apelación de la decisión incrementaría sustancialmente el costo ("Comparing Cost in Construction Arbitration & Litigation", en el *Dispute Resolution Journal* de mayo/julio de 2007).

Puntos clave. Ten en cuenta dos importantes factores al decidir si incluyes o no la cláusula de arbitraje en tus contratos. En primer término, en la mayoría de los casos, la apelación del laudo arbitral no será admitida, con lo que el árbitro será tu juez, tribunal y corte de apelaciones. En segundo lugar, los procedimientos arbitrales pueden no ser tan económicos como se piensa, aunque probablemente sigan siendo más convenientes desde el punto de vista económico que el litigio.

UTILIZA LA MEDIACIÓN PARA RESOLVER TUS DISPUTAS CONTRACTUALES

Tipos de mediación

La mediación es el segundo de los dos procesos básicos de ADR. En principio, la mediación es una negociación asistida por un tercero. El objetivo de la mediación ha sido siempre solucionar un problema específico, utilizando uno de los dos procesos conocidos. En el primero, la mediación *integradora*, el rol del mediador es hacer las cosas más fáciles a fin de acercar a las partes y que así resuelvan sus diferencias. En el segundo proceso, la mediación *evaluativa*, al mediador se le solicita, además, que evalúe los méritos de cada parte en el caso, sin llegar a tomar una decisión (a diferencia del arbitraje).

Una tercera opción ha sido recientemente desarrollada, la mediación *transformadora*. Si bien a través de esta nueva variante puede resolverse un problema concreto, el objetivo final de la misma es mejorar la relación existente entre las partes. Luego de adoptar el criterio de la mediación transformadora, en los años 90, el Servicio de Correos de los Estados Unidos de América se ahorró millones de dólares en costos legales ("Companies Adopting Postal Service Grievance Process", en el *New York Times* del 6 de setiembre de 2000).

Una vez le pedí a una persona que había efectuado una investigación sobre la mediación en el Servicio de Correos que me diera un ejemplo de "mediación transformadora". Me mencionó el caso de una empleada de un servicio postal que había denunciado a su supervisor por acoso sexual. A través de la mediación transformadora, las partes descubrieron que en realidad, el problema era la relación existente entre ambos. El supervisor llamaba a esta empleada y otros carteros por sus números de ruta, con lo cual la empleada sintió un trato no personalizado, al borde de la deshumanización. Una vez identificado el problema y al comenzar el supervisor a llamar a la empleada de manera personal, la denuncia fue archivada.

La audiencia preliminar

Una herramienta especialmente efectiva que es utilizada por muchos mediadores es la "audiencia preliminar". Con ella, el mediador se reúne en forma separada con cada parte para discutir sus intereses y posiciones. El mediador mantiene la confidencialidad sobre la información brindada, si las partes así lo solicitan.

Durante el proceso, el mediador puede realizar un análisis de la negociación, incluyendo el estudio del precio de reserva de la otra parte, el precio "más probable" estimado, el BATNA (mejor alternativa a un acuerdo negociado) y la ZOPA (zona de posible acuerdo). El mediador puede entonces colaborar para que las partes arriben a un acuerdo dentro de dicha zona o, de no haber zona, asesorarlos en el sentido de que la mediación sería una pérdida de tiempo.

Puntos clave. Ten en cuenta que hay tres tipos de mediación. Elige a un mediador cuyas capacidades encuadren en el proceso que hayas seleccionado.

SE CREATIVO CON LOS PROCESOS DE ADR

Los dos modelos básicos de resolución de disputas (arbitraje y mediación) proporcionan una gran variedad de oportunidades para la creatividad e innovación. En un caso, excediendo los límites de la creatividad, un juez, harto de la dependencia de las partes de los tribunales federales, decidió construir, con ingenio, una nueva forma de resolución alternativa de disputa: "se convoca a audiencia, en un sitio neutral, a las 4 pm del viernes 30 de junio de 2006, en la cual se determinará quién es el ganador, en un juego de "piedra, papel o tijera" (Avista *Management contra Wausau Underwriters*, 2006 AMC 1569).

Ejemplos de estas variantes de mediación y arbitraje lo son el "mini-juicio" y el "alquile un juez".

Mini-juicio

El "mini-juicio" es una variante del modelo de mediación. El prototipo de mini-juicio originario, tuvo lugar en relación a una demanda de propiedad intelectual entablado por Telecredit contra TRW por $6 millones. El juicio se inició como el resto de los pleitos. Las partes tuvieron que afrontar el pago de aproximadamente $500.000 en gastos y honorarios judiciales y se intercambiaron 100.000 documentos, sin resolución a la vista. Debido a la lentitud del juicio, los ejecutivos de ambas empresas crearon un proceso estructurado que luego dio en llamarse "mini-juicio".

El proceso tuvo como protagonistas cinco partes: un ejecutivo y un abogado de cada parte y una persona neutral, experta en propiedad intelectual. Los abogados tenían, cada uno, medio día para explicar sus respectivas versiones de los hechos y responder preguntas de los ejecutivos. Los ejecutivos, luego, se reunieron y resolvieron el caso.

Se estima que se han ahorrado gastos judiciales en el orden de $1 millón. A través del proceso, los ejecutivos fueron capaces de resolver el caso, al escuchar al abogado de la otra parte (una versión bastante diferente a la presentada, en defensa de sus intereses, por sus propios abogados). También fue posible lograr un resultado que tenía sentido desde el punto de vista comercial, a diferencia de las típicas decisiones de los tribunales que muchas veces generan un desequilibrio contrario a los negocios, con una parte ganando y la otra perdiendo $6 millones.

Alquile un juez

"Alquile un juez" consiste en elegir el propio juez (típico en juicios de divorcio). Las partes de un divorcio, por ejemplo, que han recurrido a este esquema, pueden dar por concluido el proceso a través de la utilización de un procedimiento rápido muy similar al modelo del arbitraje. A pesar de que las audiencias son similares a un juicio, esta figura (en inglés conocida como "rent-a-judge"), ofrece las mismas ventajas que otras formas de arbitraje. Cuando Brad Pitt y Jennifer Anniston recurrieron a ella para su divorcio en 2005, fueron capaces de mantener la privacidad, ya que no se posibilitó el acceso de la prensa a la audiencia. Para mayor información, puede verse: http://www.npr.org/templates/story/story.php?storyId=4812658.

Utiliza las ADR para cerrar un acuerdo

Por años se ha recurrido a la mediación y al arbitraje como alternativas al juicio para resolver disputas. No obstante, en los últimos tiempos estos procesos también han comenzado a ser utilizados cada vez con mayor frecuencia para negociar acuerdos y cerrar nuevas operaciones. La mediación, en particular, es interesante en este punto, ya que el uso de audiencias preliminares posibilita a los mediadores tener en cuenta, en su análisis, aquella información confidencial que ha sido brindada por ambas partes.

De conformidad con una encuesta, cerca del 40% de los mediadores utilizó la mediación para acuerdos entre los $100.000 y los $26 millones. Entre algunos ejemplos mencionados en este estudio, se encuentran negociaciones con inversores providenciales, colaboración con médicos clínicos, venta de derechos de televisión por cable y acuerdos estratégicos de software. (http://www.pon.harvard.edu/daily/mediation/mediation-in-transaction al-negotiation-2/).

El arbitraje es, también, una opción para resolver problemas complejos que surgen durante la negociación. Se suele poner como ejemplo un arbitraje en el béisbol, cuando los jugadores negocian sus salarios y lo someten a arbitraje. La característica típica del arbitraje en el béisbol es que cada parte le entrega su propuesta al árbitro, quien debe optar por una de las dos.

Por ejemplo, supongamos que se llega a un punto muerto en la negociación, en la que el "pitcher" reclama un salario de $20 millones y el equipo ofrece $10 millones. Si recurren al arbitraje salarial del béisbol, ambos entregarán una propuesta al árbitro, quien elegirá una de ellas. Intentando persuadirlo, cada parte tratará de ser lo más razonable posible en su propuesta económica inicial. Así como es utilizada comúnmente para simplificar las negociaciones en el béisbol, esta forma de arbitraje también puede ser utilizada en cualquier otro tipo de negociación de acuerdos.

Puntos clave. Piensa con creatividad al desarrollar un proceso de ADR. Considera utilizarlo también para negociar acuerdos y cerrar nuevas operaciones comerciales.

UTILIZA CUATRO HERRAMIENTAS CLAVE DE ADR

Cuatro herramientas de ADR son especialmente útiles en relación a las disputas comerciales: el compromiso corporativo, pantallas, cláusulas contractuales y recursos on-line.

Compromiso corporativo

El Instituto Internacional "Conflict Prevention & Resolution" (CPR) ha sido el pionero en el desarrollo de un compromiso que las empresas pueden adoptar como declaración en sus políticas corporativas. La frase clave en este compromiso establece: "En caso de disputa comercial entre nuestra empresa y otra organización que haya asumido o tenga interés de adoptar un compromiso similar, estamos dispuestos a explorar con esa otra parte la resolución de la disputa a través de una negociación o técnica de ADR antes de entablar demandas judiciales" (http://www.cpradr.org/Home.aspx).

Concretamente, este compromiso es de utilidad en razón de la tendencia a la desvalorización reactiva que comentamos en el capítulo 7. Si te ves involucrado en una disputa y propones un proceso de ADR, es probable que la otra parte reaccione intentando "desvalorizar" tu propuesta, quizás pensando que la misma es un signo de debilidad. Esta reacción puede ser mitigada, si tú estableces que la propuesta es, en rigor, el resultado de una política corporativa predeterminada, que prioriza el proceso de ADR en general.

Pantallas

Las "pantallas" constituyen una serie de preguntas diseñadas para ayudar a las partes a elegir entre una modalidad vinculante, o no, de resolución de disputas. Los procesos vinculantes son el arbitraje y el juicio, mientras que la mediación y la negociación son no-vinculantes.

El CPR publica una guía llamada ADR Suitability Guide que brinda "pantallas" a los fines de la mediación. Para que las partes puedan determinar si optarán por la mediación, la pantalla va formulando preguntas en relación a determinados temas, entre ellos:

* La relación entre las partes.

* La importancia del control del proceso y de la decisión.

* La importancia de los hallazgos.

* Probabilidades de éxito en juicio.

* Costo del litigio.

* Importancia de la rapidez en la decisión del caso y de la privacidad.

* Poder relativo de ambas partes.

Cláusulas contractuales

Las partes pueden pactar una cláusula de ADR como parte de sus negociaciones comerciales, antes de que surja una disputa, o bien pueden esperar a que el conflicto ya se haya instalado. Los acuerdos posteriores a la disputa son, con frecuencia, difíciles de negociar, dado que la relación entre las partes en esas circunstancias ya se ha vuelto tensa. A continuación, hacemos mención de un ejemplo de acuerdo previo a la disputa, el cual es parte de la carta de Oracle proponiéndole a Mark Hurd el cargo de presidente:

> Usted y Oracle entienden y acuerdan que toda disputa, presente o futura, y/o demanda relacionada con su empleo en Oracle y/o con la terminación del mismo, (con excepción de los reclamos que expresamente se establecen a continuación), será resuelta por decisión, de carácter definitivo y vinculante, de un árbitro, renunciando ambas partes a toda otra forma de resolución de disputa. La decisión arbitral será firme y obligatoria para Usted y para Oracle, y será ejecutable en juicio por cualquier tribunal competente".

(http://contracts.onecle.com/oracle/hurd-offer-2010-09-02.shtml).

Las cláusulas contractuales de ADR pueden ser pactadas para ser aplicables solo en un proceso determinado, como en el caso de la cláusula de Hurd, o por el contrario, se pueden estipular en forma genérica y, así, todos los procesos luego se vincularán y referirán a ella. También, por ejemplo, las partes pueden acordar la negociación y/o mediación antes de recurrir al arbitraje.

Resolución de disputas on-line (ODR)

Los avances tecnológicos de los últimos años han posibilitado que los ADR puedan convertirse en ODR. Los sistemas on-line permiten a las partes utilizar la negociación, mediación y arbitraje para resolver disputas personales y comerciales.

Obviamente, antes de decidir si utilizas o no un sistema on-line para resolver disputas, debes efectuar un análisis de costo-beneficio. Por un lado, los procesos on-line ahorran gastos de viaje, además de ser convenientes. Pero, por otra parte, está comprobado que son menos efectivos, en particular en virtud de las dificultades al construir un vínculo con la contraparte (como se ha dicho en el capítulo 5, conocer a la otra parte constituye un aspecto esencial de la negociación). Un modo de sortear este problema sería combinar ODR con negociaciones cara a cara, programando encuentros personales al final de una etapa de la negociación, antes de saltar a la siguiente fase on-line.

Puntos clave. Al implementar procesos de ADR, utiliza las cuatro herramientas descriptas en esta sección: el compromiso corporativo, pantallas, cláusulas contractuales y recursos on-line.

REVISA Y EVALÚA TU NEGOCIACION

La contratación es una capacidad fundamental de la empresa, que se sitúa en el corazón mismo de la creación de valor y de las ventajas comparativas que ofrece la organización. Es imposible que cualquier negocio subsista, menos aún que prospere, sin contratos exitosos desde el punto de vista económico-financiero. Dada la importancia de los contratos para el crecimiento de una empresa, pues, resulta esencial la evaluación del desempeño de la negociación y del contrato.

La pregunta central durante una evaluación es si el contrato se ha cumplido satisfactoriamente. Muchos factores juegan un rol determinante en relación al desempeño del contrato, pero es la negociación uno de los más importantes. En esta sección veremos varias sugerencias a tener en cuenta para la revisión del proceso.

Efectúa una revisión general de la negociación

Al efectuar una revisión post-negociación, podrás verte tentado de focalizarte en aquellos puntos a los que los negociadores dedicaron la mayor parte de su tiempo, en lugar de concentrarte en aquellos puntos que deberían haber priorizado. Como se dijo en el capítulo 9, varias investigaciones y encuestas realizadas por la IACCM ("International Association for Contract & Commercial Management") arribaron a la conclusión de que los términos contractuales "más negociados" no son "los más importantes". En lugar de focalizar, entonces, tu revisión en los términos "más negociados" (como la limitación de responsabilidad, indemnización, pago), deberías destinarle más tiempo a las cláusulas "más importantes" (como el alcance, objetivos, responsabilidades de las partes, gestión del cambio contractual, etc.).

Además de redirigir tu énfasis, desde "los más negociados" a "los más importantes", pregúntate si estás tomando las medidas apropiadas para alcanzar tus objetivos satisfactoriamente, y si las mismas están vinculadas con los incentivos de los negociadores dentro de tu organización. Ambos puntos son discutidos en profundidad en un sobresaliente artículo publicado por Danny Ertel en el *Harvard Business Review*, titulado "Turning Negotiation into a Corporate Capability".

Ertel apunta que, en las compras, en lugar de vincular los incentivos con descuentos de precios obtenidos por los compradores, las empresas creativas ponen el foco "en las eficiencias operacionales logradas al utilizar al proveedor, las reducciones por defectos alcanzadas por éste y aún su rol al momento de desarrollar innovaciones en el producto o servicio". Desde la perspectiva de las ventas, los incentivos estarán atados a la duración de las relaciones entre la empresa y el cliente, las innovaciones surgidas a lo largo de dichas relaciones y los negocios resultantes de los clientes.

Identifica conflictos entre la conclusión de un acuerdo y la implementación

Además de tu revisión general, surge otro aspecto que merece una especial atención, en relación a la negociación y desempeño del contrato. La distinción entre quienes concluyen el acuerdo y aquellos que son responsables de la implementación muchas veces genera una tensión que afecta al desarrollo del contrato mismo.

Por ejemplo, una gran consultora internacional tomó conocimiento de que sus equipos de implementación debían dedicarle mucho tiempo a la renegociación de los contratos. De tal modo, me contrataron para dar un seminario en París, durante una primavera, acerca de cómo renegociar contratos. Apenas me dijeron "París", y mas aún "en primavera", atiné a aceptar dar el curso, antes de darme cuenta de que poco tenía para ofrecer, ya que la renegociación contractual básicamente sigue los mismos principios que toda negociación.

Por ello, decidí indagar con mayor profundidad, contactando a los líderes de la consultora a fin de descubrir *por qué* existían tantas renegociaciones. La razón de las renegociaciones puede ser sintetizada con la respuesta de uno de los líderes, quien apuntó que los incentivos de las personas a quienes se les asignaban las negociaciones de los acuerdos estaban "más vinculados con el cierre (de la negociación) que con la implementación en curso". Provisto de esta información, fui capaz de replanificar el contenido del seminario, centrándome en la necesidad de resolver la tensión entre los que concluyen el acuerdo y el equipo de implementación.

Danny Ertel ha publicado otro excelente artículo sobre este tema en el *Harvard Business Review*, titulado "Getting Past Yes: Negotiating as if Implementation Mattered". En este artículo, Ertel apunta que cuando los equipos de desarrollo de negocios se desvinculan de la implementación, "es probable que se concentren más en el acuerdo en sí mismo, que en su impacto sobre los negocios".

Al revisar tus negociaciones, pregúntate si el criterio de la "conclusión de un acuerdo" (por sí solo) es el que prevalece en las negociaciones de tu organización. Entre algunos ejemplos de esta postura que menciona Ertel, podemos mencionar el uso de la sorpresa para obtener ventaja, el ocultamiento de información, la utilización de tácticas como fechas límite falsas y la autoprotección con cláusulas penales u otras sanciones.

Contrasta este criterio con el de la implementación, como lo sugiere Ertel, identificando problemas lo más pronto posible durante la negociación, compartiendo la información, dedicándole el tiempo que sea necesario para el desarrollo de un acuerdo que pueda ser implementado satisfactoriamente y desarrollando compromisos realistas y razonables. Luego de la revisión de tu negociación, tu objetivo ahora debería ser acercarse al foco de la implementación.

Completa una revisión personal

Tan importante como lo es para una empresa la revisión de su proceso de negociación comercial, una evaluación personal de tu estrategia y tácticas utilizadas resulta crucial, con un ojo puesto en la mejora continua. Algunas preguntas para formularse durante este análisis, en base al material cubierto en este libro, son las siguientes:

- ¿He establecido una relación con la otra parte?

- ¿Hemos buscando intereses subyacentes y encontrado intereses que no están en conflicto?

- ¿Hice preguntas y escuché atentamente las respuestas?

- ¿Descubrí, al inicio de la negociación, si la otra parte tenía autoridad para negociar?

- ¿Utilicé una estrategia efectiva de "primer precio"?

- ¿Observé la negociación desde la perspectiva de la otra parte?

- ¿Utilicé reciprocidad?

- ¿Mantuve una perspectiva panorámica, en visión de conjunto?

146

Puntos clave. Realice o no tu empresa revisiones regulares de las negociaciones y desempeño de sus contratos, deberías llevar a cabo un análisis personal de tu estrategia y tácticas utilizadas en la negociación, y considerarlas para incorporar mejoras de cara al futuro.

UNA PERSPECTIVA FINAL: EL ANÁLISIS DE LOS OBJETIVOS DE LA VIDA

Unos años atrás tuve que dar una presentación sobre resolución de disputas en un encuentro de la "American Bar Association". Tuve el honor compartir el panel con uno de los expertos en mediación con mayor trayectoria en el mundo, John Wade, de la Universidad Bond de Australia. Estaba ansioso por aprender de sus enseñanzas en resolución de disputas.

Durante la primera mitad de la sesión, el profesor Wade describió lo que él denomina "análisis de los objetivos de la vida", consistente en una breve lista de los objetivos profesionales y personales de cada uno, a corto y largo plazo. Preparar esta lista es fundamental para poner en perspectiva la disputa en cuestión. Dio el siguiente ejemplo (el cual es descripto en "Systematic Risk Analysis for Negotiators and Litigators: How to Help Clients Make Better Decisions", de su autoría).

Un hombre chino estaba negociando con su esposa la división de bienes como consecuencia de su divorcio. El marido tenía un importante ingreso y activos sustanciales. Era un médico con excelente reputación en la comunidad china, y con muchos amigos. La mujer, en cambio, tenía bajas entradas de dinero y escasos bienes. Se sentía aislada y poco integrada a la comunidad.

La pareja negoció una división de bienes, con excepción de una suma final de $40.000, en la que no hubo acuerdo. Durante la mediación, la mujer realizó un análisis de sus objetivos de vida, análisis este al que se rehusó hacer el marido, quizás influenciado por la comunidad que lo apoyaba. Al final, terminaron dividiéndose uniformemente los $40.000.

Una vez concluido el juicio de divorcio, el marido y la gente que estaba de su lado abandonaron la sala del tribunal y se dirigieron a un restaurante, para festejar. Al salir de la sala, la esposa se dio vuelta y le dijo al abogado de su marido: "ahora, es el momento de ir por más". Inmediatamente concurrió a una sociedad médica y entabló una denuncia en contra del doctor, su ex marido, por haberle realizado en el pasado un aborto ilegal y por haber enviado ilícitamente drogas a familiares suyos en China. Como consecuencia, perdió su licencia para practicar la medicina, sus ingresos y su prestigio en la comunidad.

Si el médico hubiese puesto la disputa en la perspectiva del análisis de los objetivos de vida, quizás habría aceptado sin problema alguno darle a la mujer esos $40.000 o más. Sus objetivos habrían incluido la continuidad de su éxito económico, el liderazgo y reputación en la comunidad médica, y el disfrute de lo producido de su trabajo. Por el contrario, perdió todo.

La moraleja del cuento es: estés involucrado en un proceso de resolución de disputa o estés negociando una transacción, trata de tener una visión global, amplia del negocio y piensa en tus propósitos inmediatos a la luz de tus objetivos de vida. ¡Te deseo la mejor de las suertes en este emprendimiento!

ANEXOS:

LISTA DE CHEQUEO PARA LA PLANIFICACIÓN – HERRAMIENTA DE EVALUACIÓN

A. Lista de chequeo para la planificación de la negociación

B. Ejemplo práctico de una lista de chequeo para la planificación de la negociación

C. Evalúa tu estilo de negociación

Anexo A

Lista de chequeo para la planificación de la negociación

Usa la siguiente lista de chequeo al planear las negociaciones.* Para información adicional, consulta los capítulos 3, 5 y 6.

Objetivos y mejores alternativas

1. ¿Cuál es mi objetivo en esta negociación? ¿Por qué quiero alcanzar este objetivo?

2. ¿Cuál es mi mejor alternativa para alcanzar este objetivo si la negociación no prospera?

3. ¿Revelaré mi mejor alternativa a la contraparte, durante la negociación? (en general, "sí" en caso de que tu alternativa sea fuerte y "no" si es débil).

4. ¿Cómo puedo perfeccionar mi mejor alternativa? (al perfeccionar tu alternativa, incrementas tu poder).

5. ¿Cuál es el objetivo de la otra parte en esta negociación? ¿Por qué creo que la contraparte quiere alcanzar este objetivo? (en la etapa de planeamiento, esto es una conjetura).

6. ¿Cuál es la mejor alternativa de la contraparte para alcanzar su objetivo si esta negociación no prospera? (otra vez,

esto es una conjetura).

7. ¿Cómo puedo debilitar la mejor alternativa de la otra parte? (al debilitar la mejor alternativa de la contraparte, incrementas tu poder).

Conflictos de ocurrencia probable (aparte del precio)

8. ¿Cuáles son los conflictos que probablemente surgirán durante la negociación? Haz una lista de ellos y a continuación de cada uno, analiza:

   a. si crees que es "negociable" porque es de baja importancia, o "no negociable" porque es importante para ti,

   b. por qué es importante, el conflicto, para ti (en caso de ser "no negociable"),

   c. hechos que puedes utilizar para defender tu posición en cada conflicto,

   d. si la otra parte considerará, a este conflicto, "negociable" o "no negociable" (en la etapa de planeamiento, esto es una conjetura), y

   e. por qué crees que el conflicto es importante para la contraparte (otra vez, una conjetura).

   Utiliza una hoja de cálculo al responder #8.

9. ¿Tengo una relación personal o a largo plazo con la otra parte? En caso afirmativo, ¿cómo puede afectar, dicha relación a mi postura frente a los conflictos y a la de la contraparte? Si no es así, ¿cómo puedo construir una relación con la otra parte?

10. Usando el análisis del punto #8, ¿cuáles son las formas posibles de crear valor para ambas partes (por ejemplo, intercambiando conflictos o congeniando intereses)? Haz una lista de las preguntas que le quieres hacer a la otra parte al estudiar estas posibilidades.

Cuestiones acerca del precio

11. ¿Cuál es mi precio de reserva? ¿Por qué es tan importante, este precio, para mí? (el precio de reserva es el precio más bajo que estás dispuesto a aceptar, como vendedor, o el más alto que estás dispuesto a pagar, si eres el comprador).

12. ¿Cuál es el precio más probable? (este es un precio razonable).

13. ¿Cuál es mi objetivo idealista? (ten en cuenta este objetivo desde el inicio de la negociación. Se trata del precio más alto o más bajo, dependiendo de si eres el vendedor o el comprador, que puedes justificar de forma razonable).

14. ¿Debería ser yo el primero en proponer un precio? (considera la posibilidad de hacer que la contraparte fije la referencia en tu cifra, haciendo la primera oferta, cuando estés seguro de conocer el valor del artículo en cuestión. Si no estás seguro acerca del valor, pedirle a la otra parte que haga la primera oferta es una forma de averiguarlo, pero evita ser atrapado en la fijación de referencia impuesta por la cifra de la contraparte).

Autoridad cuando hay agentes involucrados

15. ¿Estoy negociando como un agente? En caso afirmativo, ¿cuáles son los límites de mi autoridad?

16. Si la otra parte está actuando en rol de agente, ¿cuáles son los límites de su autoridad? (esta información debería provenir del principal, no del agente).

ANEXOS

*Agradezco a la International Association for Contract & Commercial Management (IACCM) por alentar el desarrollo de este planificador. La IACCM, en sociedad con Huthwaite International, realizó una investigación de estándares de referencia ("benchmark") llamado "Improving Corporate Negotiation Performance". El estudio resalta la importancia del planeamiento como clave para el éxito en las negociaciones, pero concluye que la mayoría de las compañías no usan herramientas de planeamiento formal. Tras revisar una plantilla de planeamiento incluida en el estudio, preparé una lista de ítems que deberían estar en un planificador y se los presenté a profesionales de contratos en conferencias de la IACCM, en EEUU y Europa, así como también durante un webinar. Esta lista de chequeo de planificación incluye comentarios de estos expertos negociadores.

Anexo B

Ejemplo de una lista de chequeo para la planificación completa

Este ejemplo de una lista de chequeo para la planificación completa plantea la siguiente situación hipotética, tomada del Capítulo 3:

> Has decidido vender tu coche y te estás preparando para negociar con Kyle, un comprador potencial. Kyle es la única persona que respondió a tu aviso de venta. Tú necesitas obtener por lo menos $4.000 de la venta del coche para financiar la compra de un camión que acabas de encargar. Quieres mantener el coche tres semanas más, hasta el momento en que el camión sea entregado. El valor razonable del coche (en base a varios cálculos on-line) es de $5.000. Si no puedes encontrar un comprador dispuesto a pagar al menos $4.500, venderías tu coche a tu amigo Terry por $4.000. Sabes que Terry te permitiría conservar el coche esas tres semanas.

Objetivos y mejores alternativas

1. ¿Cuál es mi objetivo en esta negociación? ¿Por qué quiero alcanzar este objetivo?

> Mi objetivo es vender mi coche. Quiero vender mi coche para financiar la compra de un camión que he encargado.

155

ANEXOS

2. ¿Cuál es mi mejor alternativa para alcanzar este objetivo si la negociación no prospera?

   Venderé mi coche a mi amigo Terry por $4.000.

3. ¿Revelaré mi mejor alternativa a la contraparte, durante la negociación? (en general, "sí" en caso de que tu alternativa sea fuerte y "no" si es débil).

   Revelaré que existe otro comprador interesado, pero no revelaré el precio, el cual es menos que lo que espero recibir de Kyle.

4. ¿Cómo puedo perfeccionar mi mejor alternativa? (al perfeccionar tu alternativa, incrementas tu poder).

   Podría intentar encontrar otros compradores, poniendo más avisos de venta y haciendo un detalle del coche.

5. ¿Cuál es el objetivo de la otra parte en esta negociación? ¿Por qué creo que la contraparte quiere alcanzar este objetivo? (en la etapa de planeamiento, esto es una conjetura).

   Kyle, obviamente, quiere comprar un coche, pero en esta etapa todavía desconozco la razón detrás de su objetivo.

6. ¿Cuál es la mejor alternativa de la contraparte para alcanzar su objetivo si esta negociación no prospera? (otra vez, esto es una conjetura).

   Asumo que Kyle le comprará un coche a otra persona.

7. ¿Cómo puedo debilitar la mejor alternativa de la otra parte? (al debilitar la mejor alternativa de la contraparte, incrementas tu poder).

   Intentaré mostrarle, a Kyle, que no conseguirá un

mejor acuerdo que el que le estoy ofreciendo.

Confictos de ocurrencia probable (aparte del precio)

8. ¿Cuáles son los conflictos que probablemente surgirán durante la negociación? Haz una lista de ellos y a continuación de cada uno, analiza:

   a. si crees que es "negociable" porque es de baja importancia, o "no negociable" porque es importante para ti,

   b. por qué es importante, el conflicto, para ti (en caso de ser "no negociable"),

   c. hechos que puedes utilizar para defender tu posición en cada conflicto,

   d. si la otra parte considerará, a este conflicto, "negociable" o "no negociable" (en la etapa de planeamiento, esto es una conjetura), y

   e. por qué crees que el conflicto es importante para la contraparte (otra vez, una conjetura).

   Utiliza una hoja de cálculo al responder #8.

Además del precio, analizado en las preguntas 11-14, el conflicto principal es la fecha de transferencia. (a) Este conflicto es "no negociable". (b) La fecha de transferencia es importante para mí, porque necesito el coche para transportarme hasta que reciba mi camión. (c) Explicaré como usaré el coche. (d) Incierto, en este momento. (e) Incierto, en este momento.

9. ¿Tengo una relación personal o a largo plazo con la otra parte? En caso afirmativo, ¿cómo puede afectar, dicha relación, a mi postura frente a los conflictos y a la de la contraparte? Si no es así, ¿cómo puedo construir una relación con la otra parte?

No tengo relación alguna con Kyle. Dado que esta es una transacción que se realiza por única vez, no hay necesidad de construir una relación más allá de destinar algo de tiempo, al inicio de la negociación, para conocer a Kyle.

Existe una relación con Terry (el cual es un amigo), razón por la cual estoy dispuesto a venderle el coche a un precio inferior.

10. Usando el análisis del punto #8, ¿cuáles son las formas posibles de crear valor para ambas partes (por ejemplo, intercambiando conflictos o congeniando intereses)? Haz una lista de las preguntas que le quieres hacer a la otra parte al estudiar estas posibilidades.

Si el conflicto acerca de la fecha de transacción es negociable para Kyle, quizás pueda conservar el coche por tres semanas más, si bajo mi precio, pero no por debajo de mi precio de reserva.

Si la fecha de transacción no es negociable para ninguno de nosotros, necesito preguntarle a Kyle por qué es importante esa fecha. Si Kyle necesita el coche por una razón en particular, durante las próximas tres semanas, como yo también lo necesito, puede que seamos capaces de llegar a un arreglo por el cual uno de nosotros use el coche, pero provea al otro de una forma de transportarse.

Cuestiones acerca del precio

11. ¿Cuál es mi precio de reserva? ¿Por qué es tan importante, este precio, para mí? (el precio de reserva es el precio más bajo que estás dispuesto a aceptar, como vendedor, o el más alto que estás dispuesto a pagar, si eres el comprador).

    Mi precio de reserva es $4.500. Necesito al menos $4.000 (los cuales puedo obtener de Terry) para comprar el camión.

12. ¿Cuál es el precio más probable? (este es un precio razonable).

    El precio más probable es $5.000.

13. ¿Cuál es mi objetivo idealista? (ten en cuenta este objetivo desde el inicio de la negociación. Se trata del precio más alto o más bajo, dependiendo de si eres el vendedor o el comprador, que puedes justificar de forma razonable).

    Mi objetivo idealista es un precio de $6.000.

14. ¿Debería ser yo el primero en proponer un precio? (considera la posibilidad de hacer que la contraparte fije la referencia en tu cifra, haciendo la primera oferta, cuando estés seguro de conocer el valor del artículo en cuestión. Si no estás seguro acerca del valor, pedirle a la otra parte que haga la primera oferta es una forma de averiguarlo, pero evita ser atrapado en la fijación de referencia impuesta por la cifra de la contraparte).

    En este caso, estoy justificadamente seguro acerca del valor, por lo que haré la primera oferta con mi objetivo idealista de $6.000.

ANEXOS

Autoridad cuando hay agentes involucrados

15. ¿Estoy negociando como un agente? En caso afirmativo, ¿cuáles son los límites de mi autoridad?

No estoy negociando como un agente.

16. Si la otra parte está actuando en rol de agente, ¿cuáles son los límites de su autoridad? (esta información debería provenir del principal, no del agente).

Hasta donde yo se, Kyle no está actuando en rol de agente, pero debería confirmarlo al hablar con él. Si Kyle es un agente, le preguntaré quién es el principal en cuyo nombre y representación está actuando.

Anexo C

Evalúa tu estilo de negociación

(Ver capítulo 2)

En primer término, recurre al capítulo 2 y a este anexo para evaluar y entender tu estilo de negociación.

Luego, usa esta evaluación para analizar el estilo de la otra parte. Esto es especialmente importante en negociaciones interculturales. Recuerda que pueden existir diferencias considerables en el estilo de negociación, dentro de una misma cultura.

Por último, haz un análisis de brechas. Identifica las mayores brechas existentes entre tu estilo y el de la otra parte.

Luego de completar esta evaluación, sería bueno que intentes un ejercicio de rol revertido, en el que uses el estilo de la contraparte, para comprenderlo mejor.

Agradezco a Jeswald Salacuse, profesor de Derecho Henry J. Braker y ex decano de la "Fletcher School" en la Universidad Tufts, por permitirme reproducir este análisis, que forma parte de su artículo "Ten Ways that Culture Affects Negotiating Style: Some Survey Results", *Negotiation Journal*, de julio de 1998.

Evaluación de tu estilo de negociación

Instrucciones: a continuación se enumeran diez importantes características del estilo y enfoque de negociación de una persona. Cada una presenta una escala en progresión, como se ilustra abajo. Respecto de cada característica, indica con una cruz dónde consideras que se ubica tu propio estilo de negociación utilizando la escala propuesta.

1. *Objetivo*: ¿cuál es tu objetivo en las negociaciones empresariales: un contrato vinculante o crear una relación?

Contrato   Relación

1   2   3   4   5

2. *Postura*: ¿cuál es tu postura frente a la negociación: ganar/perder o ganar/ganar?

Ganar/Perder   Ganar/Ganar

1   2   3   4   5

3. *Estilo personal*: Durante las negociaciones, ¿es tu estilo personal formal o informal?

Informal   Formal

1   2   3   4   5

4. *Comunicaciones*: ¿Es tu estilo de comunicación directo (por ej, propuestas y respuestas claras y precisas) o indirecto (por ej, respuestas vagas y evasivas?

Directo   Indirecto

1   2   3   4   5

5. *Sensibilidad al tiempo*: En el proceso de negociación ¿es tu sensibilidad al tiempo alta (por ejemplo, quieres cerrar un acuerdo rápidamente) o baja (negocias lentamente)?

Alta   Baja

1   2   3   4   5

Evalúa tu estilo de negociación

6. *Emotividad*: Durante las negociaciones ¿es tu emotividad alta (es decir, tienes una tendencia a demostrar tus sentimientos) o baja (los ocultas)?

Alta   Baja

| 1 | 2 | 3 | 4 | 5 |

7. *Tipo de acuerdo:* ¿Prefieres acuerdos específicos (detallados) o genéricos?

Específico   Genérico

| 1 | 2 | 3 | 4 | 5 |

8. *Construcción del acuerdo*: ¿Ves la negociación "de abajo hacia arriba" (alcanzar primero un acuerdo en los detalles) o "de arriba hacia abajo" (comenzar la negociación con un acuerdo en los principios generales)?

De abajo a arriba   De arriba a abajo

| 1 | 2 | 3 | 4 | 5 |

9. *Organización del equipo:* Como miembro de un equipo de negociación, ¿prefieres tener un líder con autoridad para tomar decisiones o tomarlas por consenso?

Un líder   Consenso

| 1 | 2 | 3 | 4 | 5 |

10. *Asunción de riesgos*: ¿Tienes alta tendencia a asumir riesgos durante las negociaciones (por ejemplo, tu oferta de venta inicial es extremadamente alta) o baja?

Alta   Baja

| 1 | 2 | 3 | 4 | 5 |

163